매일 수행과 기도성취를 위한

다라니 기도집

한영출판사

매일수행과 기도성취를 위한

다라니 기도집

한영출판사

머 리 말

석가모니 부처님 재세시에 부처님께서는 주술(呪術)을 금지하였지만 당시 인도의 민중들은 전통적 종교의식에 익숙했기 때문에 이들을 위한 수행법이 필요하였습니다. 이에 다라니 기도가 수용되었는데, 이때 수용한 다라니는 주술이 아니라 주법(呪法)이라고 합니다.

'대불정능엄신주(大佛頂楞嚴神呪)'는 아난이 마등가녀의 주술에 걸려 계를 파할 지경에 이르자, 부처님께서 정수리에 광명을 놓으시고 5회에 걸쳐 427구를 선설하셔서 요녀의 주술을 파하고 아난을 구해내신 신주(神呪)입니다. 그래서 일명 '불망염주(不亡念呪)'라고 하여 정신을 집중해서 외우기를 꾸준히 반복하면 일체 마장(魔障)이 소멸하는 주문으로 잘 알려져 있습니다.

'신묘장구대다라니(神妙章句大陀羅尼)'는 〈천수경(千手經)〉의 핵심을 이루는 다라니입니다. 대자대비 관세음보살님을 친견·성취하는 주문으로 모든 기도의 시작에 반드시 지송되는 주문의식으로 자리 잡고 있습니다.

또 '불정존승다라니(佛頂尊陀羅尼)'는 부처님 진리의 정수를 깨우치는 주문으로 '대불정능엄신주', '신묘장구대다라니'와 함께 한국불교에서는 선(禪)과 밀(密)을 함께 닦는 수행의 주역이 되어 왔습니다.

그리고 '수구즉득다라니(隨求陀羅尼)'는 참회의 힘으로 일체의 죄장(罪障)을 없애고 소원대로 복덕을 성취하는 영험한 주문으로 잘 알려져 있습니다.

이와는 별도로 2장에서는 다라니 기도를 하면서 함께 독송·수행할 수 있도록 참회문을 중심으로 불교의식의 핵심을 구성하였고, 3장에서는 생사(生死)의 근원을 성찰하는데 필요한 경전과 문헌을 집약하였습니다.

불교의 모든 수행에서 가장 중요한 것은 매일 꾸준히 기도하여 업장을 녹이고 지혜와 자비를 갖추는 것입니다. 어떤 다라니 기도라도 한 가지를 정해두고 매일의 일과로 삼는다면, 반드시 높은 선정을 성취할 수 있습니다. 다라니 기도를 통해서 모든 어려움을 극복하고 부처님의 가피가 충만한 삶을 이어가시기 바랍니다.

불기 2564년 5월 돈조旽照 합장

차 례
Contents

다라니 기도 1

예불문 ······················· 11
대불정능엄신주 기도 ············ 16
  1. 대불정능엄신주 ············· 18
  2. 회향게 ·················· 40
  3. 정근 ··················· 41
  4. 발원문 ·················· 44
  5. 광명진언 ················· 46
  ▶ 대불정능엄신주의 공덕 ······ 47

신묘장구대다라니 기도 ·········53
불정존승다라니 기도 ···········58
수구즉득다라니 기도 ···········64

예경편 2

천수경 ····················· 85
반야심경 ··················· 109
육근참회서원문 ············· 114
시방제불설참회법 ············ 120
예불대참회문 ··············· 122
이산혜연선사발원문 ··········· 143
의상조사법성게 ············· 147

**일상
수행편**

예수시왕생칠경 ················ 153

무상법문 ····················· 186

무상계 ······················ 193

별회심곡 ····················· 198

보왕삼매론 ··················· 208

마음을 다스리는 글 ··········· 212

스님노릇하는 법 ·············· 215

제 1 장

다라니 기도

대불정능엄신주 기도 /

신묘장구대다라니 기도 /

불정존승다라니 기도 /

수구즉득다라니 기도

예 불 문
禮 佛 文

오분향 부처님께 바치는 5가지 깨끗한 마음의 향
五 分 香

계　　　향 악함이 없고 청정한 마음의 향
戒　　　香

정　　　향 번뇌가 끊어진 마음의 향
定　　　香

혜　　　향 어둠과 어리석음이 없는 마음의 향
慧　　　香

해　탈　향 모든 고통에서 벗어난 마음의 향
解　脫　香

해탈지견향 얽매임에서 벗겨 주는 마음의 향
解 脫 知 見 香

광명운대　주변법계　공양시방　무량
光 明 雲 臺　周 徧 法 界　供 養 十 方　無 量

불법승
佛 法 僧

　자비 광명을 법계에 드리우신 시방세계의 한량없
는 불·법·승 삼보님께 공양 예배드립니다.

헌향진언
獻 香 眞 言
마음의 향을 드리는 진언

『옴 바아라 도비야 훔』 (세 번)
오직 금강저를 지니신 부처님께 기원합니다.

아금청정수   변위감로다
我 今 淸 淨 水   變 爲 甘 露 茶

봉헌삼보전   원수애납수
奉 獻 三 寶 前   願 垂 哀 納 受

※다기를 올릴 때는 아금청정수부터 하고, 올리지 않을 때는 지심귀명례부터 한다.

지심귀명례   삼계도사 사생자부
至 心 歸 命 禮   三 界 導 師 四 生 慈 父

시아본사 석가모니불 (절)
是 我 本 師 釋 迦 牟 尼 佛

삼계의 대도사이고, 사생의 자부이신 나의 근본 스승이신 석가모니부처님께 지극한 마음으로 귀명 예배하옵니다.

지심귀명례   시방삼세 제망찰해
至 心 歸 命 禮   十 方 三 世 帝 網 刹 海

상주일체 불타야중 (절)
常 住 一 切 佛 陀 耶 衆

시방과 삼세에 두루하여 항상 주하시는 모든 부
처님께 지극한 마음으로 귀명 예배하옵니다.

지심귀명례   시방삼세 제망찰해
至 心 歸 命 禮   十 方 三 世 帝 網 刹 海

상주일체 달마야중 (절)
常 住 一 切 達 摩 耶 衆

시방과 삼세에 항상 머무시는 진리의 법성신에
지극한 마음으로 귀명 예배하옵니다.

지심귀명례   대지문수사리보살
至 心 歸 命 禮   大 智 文 殊 師 利 菩 薩

대행보현보살
大 行 普 賢 菩 薩

대비관세음보살
大 悲 觀 世 音 菩 薩

대원본존지장보살마하살 (절)
大 願 本 尊 地 藏 菩 薩 摩 訶 薩

큰 지혜로 일깨워 주시는 문수사리보살님과 넓고 큰 행
원으로 건지시는 보현보살님과 큰 자비로 구원하시는 관
세음보살님과 마지막 중생까지 버림없으시는 지장보살님
과 모든 보살님께 지극한 마음으로 귀명 예배하옵니다.

지심귀명례 **영산당시 수불부촉 십**
至 心 歸 命 禮   靈 山 當 時 受 佛 咐 囑 十

대제자 십육성 오백성
大 弟 子 十 六 聖 五 百 聖

독수성 내지천이백제대
獨 修 聖 乃 至 千 二 百 諸 大

아라한 무량자비성중 (절)
阿 羅 漢 無 量 慈 悲 聖 衆

부처님 재세(在世)시 부처님 법을 위촉받으신 십
대제자와 오백성, 독수성 내지 천이백의 모든 아
라한 등 한량없으신 자비성중님께 지극한 마음으
로 귀명 예배하옵니다.

지심귀명례 **서건동진 급아해동**
至 心 歸 命 禮   西 乾 東 震 及 我 海 東

역대전등 제대조사
歷 代 傳 燈 諸 大 祖 師

천하종사 일체미진수
天 下 宗 師 一 切 微 塵 數

제대선지식 (절)
諸 大 善 知 識

인도와 중국 및 나의 대한민국에 역대로 법을 전하신
모든 큰 조사님과 하늘 아래 종사님과 한량없으신 모
든 큰 선지식께 지극한 마음으로 귀명 예배하옵니다.

지심귀명례　시방삼세 제망찰해
至 心 歸 命 禮　十 方 三 世　帝 網 刹 海

상주일체 승가야중 (절)
常 住 一 切　僧 伽 耶 衆

시방과 삼세에 항상 계옵시는 청정한 스님들께 지극한 마음으로 귀명 예배하옵니다.

유원 무진삼보 대자대비 수아정례
唯 願　無 盡三 寶　大 慈 大 悲　受 我 頂 禮

명훈가피력 원공법계제중생
冥 熏 加 被 力　願 共 法 界 諸 衆 生

자타일시성불도
自 他 一 時 成 佛 道

오직 원하오니 다함 없는 삼보님의 대자대비로 저의 예경을 받으시고, 그윽한 가피력으로 감싸 주시사 법계의 모든 중생들과 나와 남이 일시에 부처님의 도를 이루게 해 주옵소서.

대불정능엄신주 기도
大佛頂楞嚴神呪

정구업진언
淨口業眞言 입으로 짓는 죄업을 깨끗이 하는 진언

『수리수리 마하수리 수수리 사바하』(세 번)

부처님께서 태양과 같은 대광명을 놓아서「행자」
의 몸을 비추어 모든 보살이 손을 주어 영접하심
을 성취하게 해 주소서.

오방내외안위제신진언
五方內外安慰諸神眞言

하늘과 땅에 있는 모든 신을 편안하게 하는 진언

『나무 사만다 못다남 옴 도로도로 지
미 사바하』(세 번)

산란한 마음을 멈추어 한 대상에 경주하는 고요
한 마음의 인계(印契, 손에 인상을 맺고 다라니를 외우
는 일)에 귀명합니다. 마음의 샘물이 하나도 남는
것이 없도록 성취하게 해 주소서.

개경게 경을 펼치는 게송
開 經 偈

무상심심미묘법
無 上 甚 深 微 妙 法

가장높고 미묘하고
깊고깊은 부처님법

백천만겁난조우
百 千 萬 劫 難 遭 遇

백천만겁 지나도록
만나뵙기 어려워라

아금문견득수지
我 今 聞 見 得 受 持

내가지금 다행히도
보고듣고 지니오니

원해여래진실의
願 解 如 來 眞 實 意

부처님의 참된뜻을
밝게깨쳐 알아지다

개법장진언 참다운 법을 여는 진언
開 法 藏 眞 言

『 **옴 아라남 아라다** 』 (세 번)
깊은 뜻에 도달하기를 원합니다.

나무 대불정능엄신주
南 無 大 佛 頂 楞 嚴 神 呪

백산개다라니(白傘蓋陀羅尼)

1 스타타가타야 토스니샴 시타타파
트람

2 아파라지담 프라티앙기람 다라니.

제 1회 비로진법회(毘盧眞法會)

1 나맣 사트야타 스타타가타야 아르
하테 사먁 삼붇다샤 사트야타 붇
다코티슈니샴.

2 나맣 사르바 붇다 보디 사타바야.

3 나무 샾타남 사먁삼붇다 코티남 사
슈라 바카상카남.

4 나무 로케 아르하타남.

5 나무 사크르 타판나남.

6 나무 사크르 타카미남.

7 나무 사크르 아나가미남.

8 나무 로케 사먁카타남 사먁프라티
판나남.

9 나무 라트나 트라야야.

10 나무 바가바테 드르다 수라세나
프라하라 나라자야 타타가타야 아
르하테 사먁삼붇다야.

11 나무 바가바테 아미타바야 타타가
타야 아르하테 사먁삼붇다야.

12 나무 바가바테 악쇼바야 타타가타
야 아르하테 사먁삼붇다야.

13 나무 바가바테 바이샤쥬야 구루
바이두르 쟈야 프라바라자야 타타
가타야 아르하테 사먁삼붇다야.

14 **나무 바가바테 삼푸슈피타 샬렌드 라라쟈야 타타가타야 아르하테 사 먁삼붇다야.**

15 **나무 바가바테 사캬무니예 타타가 타야 아르하테 사먁삼붇다야.**

16 **나무 바가바테 라트나쿠수마 케투 라쟈야 타타가타야 아르하테 사먁 삼붇다야.**

17 **나무 바가바티 타타가타쿠라야.**

18 **나무 바가바티 파트마쿠라야.**

19 **나무 바가바티 바지라쿠라야.**

20 **나무 바가바티 마니쿠라야.**

21 **나무 바가바티 가르쟈쿠라야.**

22 **나무 데바 르시남.**

23 **나무 싣디 비드야 다라남.**

24 나무 싣디 비드야 다라리시남.

25 나무 샤파 남그라하사마 르타남.

26 나무 브라흐마네 나무 인드라야.

27 나무 루두라야 우마파타 사히타야.

28 나무 나라야나야 락삼미 사히타야
   판차마 하삼무드라.

29 나맣 스크리트야.

30 나무 마하카라야 트리프라 나가라
   비드라 파나카라야 아디묵티카 슈
   마샤나니바시네 마트리가남.

31 나맣 스크리트야.

32 테비히 나맣 스크리트바 에타트.

33 바가바티 스타타가타야 토슈니삼
   시타타 파트람 나맣 아파라지타
   프라티앙기람.

34 사르바 데바 나맣 스크리탐.

35 사르바 데베뱧 푸지탐 사르바 데베 스차 파리파리탐 사르바 부다그라하 니그라하카라니.

36 파리 비드야 체다나카림.

37 두남 타남 사트바남 다마캄 두스타남 니바라님.

38 아카라므르튜 프라사마나카림.

39 사르바 반다나 목샤나카림.

40 사르바 두슈타 두슈타스바프 니바라님.

41 캬투라 시티남 그라하 사하스라남 비드밤 사나카림.

42 아슈타빈샤티남 낙샤트라남 프라사다나카림.

43 아슈타남 마하그라하남 비드밤사
나카림.

44 사르바 사투루 니바라님

45 고라 두슈타스프나남 카나샤님.

46 비샤 샤스트라 아그니 우다카 우
타라님.

47 아파라지타고라 마하바라찬다 마
하디파탐 마하테쟈.

48 마하슈베타 쥬바라 마하바라 스
리야 판다라바시님 아랴타라 브
르쿠팀.

49 차이바비자야 바지라마라티 비슈
루탐 파드마크맘.

50 바지라 지호바차 마라체바 아파라
지타 바지라단디.

51 비샤라캬샨타 바이데하 푸지타 수
마야루파 마하슈베타 아랴타라 마
하바라.

52 아파라 바지라상카라체바 바지라
쿠마리 쿠라다리.

53 바지라 하스타카 마하비댜 타타칸
캬나 마리카.

54 쿠숨바라 타나체바 바이로차나 크
리야 토슈니샴.

55 비쥬림 바마나카 바지라카나카
프라바 로캬나 바지라툰디캬 카
마라 락사 사시프라바.

56 이티에테 무드라카낭 사르베 락샴
쿠르반투 마마 에타트 마마샤 (3회
연송)

제 2회 석존응화회(釋尊應化會)

1 옴 리시가나 프라샤스타 스타타가
   타야 토슈니샴.

2 훔 브룸 쟘바나 훔 브룸 스탐바나.

3 훔 브룸 보하나 훔 브룸 마타나.

4 훔 브룸 파라비드야 삼박샤나카라.

5 훔 브룸 사르바 두스타남 스탐바
   나가라.

6 훔 브룸 사르바 약샤 락샤샤그라
   하남 비드밤사나카라.

7 훔 브룸 캬투라 시티남 그라하 사
   하스라남 비나사나카라.

8 훔 브룸 아슈타빈샤티남 낙사트라
   남 프라사다나카라.

9 훔 브룸 아슈타남 마하그라하남

비드밤사나카라.

10 락사 락사 맘.

11 바가반 스타타 가타야 토슈니샴 마하프라티앙기레.

12 마하사하스라부쟈 사하스라시르샤 코티사타 사하스라네트레.

13 아브이댜 쥬바리타 나타나카 마하 바지라 다레 트르브하바나 만다라.

14 옴 스바스티르 바바투 마마 에타 트 마마샤 (3회 연송)

제 3회 관음합동회(觀音合同會)

1 라쟈바야 챠우라바야 아그니 바야 우다가바야.

2 비샤바야 사스트라바야 파라차크 라바야 두르빅샤바야.

3 아샤니바야 아칼라므르튜바야 다
  라니부미캄바야.

4 우르카파다바야 라쟈단다바야 나
  가바야 비튜트바야.

5 수파르나바야 약샤그라하 락샤샤
  그라하 프레타그라하.

6 피샤챠그라하 부타그라하 쿰반다
  그라하 푸타나그라하.

7 카타푸타나그라하 스칸다그라하
  아파스마라그라하.

8 운마다그라하 챠야그라하 레바티
  그라하.

9 오쟈하리냐 가르바하리냐 자타하
  리냐 지비타하리냐.

10 루디라하리냐 바사하리냐 맘사하

리냐 메다하리냐.

11 마짜하리냐 반타하리냐 아수짜하
하리냐 찌타하리냐.

12 테삼 사르바삼 사르바그라하남 비
드얌 체다야미 킬라야미.

13 프라브라캬카 크리탐비드얌 체다
야미 킬라야미.

14 다카다키니 크리탐 비드얌 체다야
미 킬라야미.

15 마하파슈파티루드라 크리탐 비드
얌 체다야미 킬라야미.

16 나라야나 크리탐 비드얌 체다야미
킬라야미.

17 타트바가루다 사하야 크리탐 비드
얌 체다야미 킬라야미.

18 마하카라 마트리가나 크리탐 비드
   얌 체다야미 킬라야미.

19 카팔리카 크리탐 비드얌 체다야미
   킬라야미.

20 쟈야카라 마드후카라 사르바 르타
   사다나 크리탐 비드얌 체다야미
   킬라야미.

21 캬투르바키니 크리탐 비드얌 체다
   야미 킬라야미.

22 브링기리티카 난다 케슈바라 카나
   파티사하야 크리탐 비드얌 체다야
   미 킬라야미.

23 나그나슈라바나 크리탐 비드얌 체
   다야미 킬라야미.

24 아르하트 크리탐 비드얌 체다야미

킬라야미.

25 비타라가 크리탐 비드얌 체다야미
  킬라야미.

26 바지라파네 크리탐 비드얌 체다야
  미 킬라야미.

27 브라호마 크리탐 루드라 크리탐
  나라야나 크리탐 비드얌 체다야미
  킬라야미.

28 바지라파네 구햐카 아디파티 크리
  탐 비드얌 체다야미 킬라야미.

29 **락샤 락샤맘 바가반 마마 에타트
  마마샤**(3회 연송)

제 4회 강장절섭회(剛藏折攝會)

 1 바가반 시타타파트레 나맣 스투테.

 2 아시다 나라루카 프라바스바타 비

카 시타타파트레.

3 쥬바라쥬바라 다카다카 비다카비
다카 다라다라

4 비다라비다라 체다체다 빈다빈다.

5 훔 훔 파트파트 스바하 헤 헤 파트.

6 아모가야 파트 아프라티하타야 파트

7 바라프라다야 파트 아수라비드라
바카야 파트.

8 사르바 데베뱧 파트 사르바 나게뱧
파트.

9 사르바 약세뱧 파트 사르바 락샤세
뱧 파트.

10 사르바 가루데뱧 파트 사르바 간다
르베뱧 파트.

11 사르바 아수레뱧 파트 사르바 긴다

레뱡 파트.

12 사르바 마호라게뱡 파트 사르바 부
테뱡 파트.

13 사르바 피샤계뱡 파트 사르바 쿰반
데뱡 파트.

14 사르바 푸타네뱡 파트 사르바 카
타푸타네뱡 파트.

15 사르바 두루랑기테뱡 파트 사르바
두스프렉시테뱡 파트.

16 사르바 쥬바레뱡 파트 사르바 아
파스마레뱡 파트.

17 사르바 슈라바네뱡 파트 사르바
티르티게뱡 파트.

18 사르바 운마데뱡 파트 사르바 비
드야캬레뱡 파트.

19 쟈야카라 마드후카라 사르바 르타
사다케뱧 비드야캬레뱧 파트.

20 캬투르바기니뱧 파트.

21 바지라쿠마리 쿠란다리 비드 야라
쥬니뱧 파트.

22 마하프라티 앙기라뱧 파트.

23 바지라상카르야 프라티앙기라자야
파트.

24 마하카라야 마트리가나 나뱧 스크
리타야 파트.

25 인드라야 파트 브라흐미니예 파트.

26 루드라야 파트 비스나베 파트.

27 비스네비예 파트 브라흐마네 파트.

28 바라하칸타야 파트.

29 아그나예 파트 마하카리예 파트.

30 루드리예 파트 칼라단다예 파트.

31 아인드리예 파트 마트레 파트.

32 캬문다야이 파트 칼라라트리리야이 파트.

33 카팔리네 파트 아티묵티카 스마샤 나 바시네 파트.

34 이에카치트 사트바스 마마 에타트 마마샤.(3회 연송)

제 5회 문수홍전회(文殊弘傳會)

1 두슈짙닿 파파짙닿 로드라짙닿 비 드바이사짙닿 아미트라짙닿

2 우트파다얀티 키라얀티 만트라얀 티 자판티

3 조한티 오쟈하라 가르바하라 루디 라하라

4 맘사하라 매다하라 마자하라 바사
하라

5 자타하라 지비타하라 마리야하라
바리야하라

6 간다하라 푸슈파하라 파라하라 사
샤하라.

7 파파짙타 두스타짙타 루드라짙타
데바그라하 나가그라하

8 약샤그라햐 락샤샤 그라하 아슈라
그라하 가루나그라하

9 킨나라그라하 마흐라카그라하 프
레타그라하 피샤캬그라햐

10 부타그라하 푸타나 그라하 카타푸
타나그라하 쿰반다그라하

11 스칸다그라하 운마다그라하 챠야

그라하 아파스마라그라하

12 다카다키니그라하 레바티그라하
쟈미카그라하 샤쿠니그라하

13 난디카그라하 아람바카그라하 칸
타파니그라하

14 쥬바라에카히카 드바이티야카 트
리티야카

15 캬투르티야카 니타쥬바라 비스마
라쥬바라.

16 바티카 파이티카 슈레스미카 삼니
파티카.

17 사르바 쥬바라 시로루쟈 아르다바
베다걍 아로차카

18 악시로걍 무카로걍 칸타로걍 카라
로걍

19 흐르드로걒 카르나슈람 단타슈람
흐르다야슈람

20 마르마슈람 파르스바슈람 프르스
타슈람 우다라슈람

21 카티슈람 바스티슈람 우루슈람 쟝
가슈람

22 하스타슈람 파다슈람 사르바 앙가
프라티앙가슈람.

23 부타베타라 다카다키니 쥬바라.

24 다드류간다 키티 바루타비 사르파
로 하링걒 슈사트라사나카라.

25 비사요가 아그니 우다가 마라비라
칸다라

26 아카라므르튜 트라이 암부카 트라
이라타카 브르스치카 사르파 나쿠

라 심하 뱌그리 릭사 타라릭사 차 마라지 비배.

27 테삼 사르배샴 시타타파트라 마하 바지라 토슈니샴 마하프라티앙기람.

28 야바 드바 다샤 요쟈나 아반타레나 사마반담 카로미 디사 반담 가로미.

29 파라비드야 반담 카로미.

30 테조 반담 카로미.

31 하스타 반담 카로미 파다 반담 카로미.

32 사르바 가프라티앙가 반담 카로미.

비밀수능엄주 심(秘密首楞嚴呪 心)

1 타댜타

2 옴 아나레 아나레 비사다비사다 바이라바지 라타레 반다 반다 반 다네반다네

3 바이라바지라파네 파트.

4 훔 브룸 파트 스바하.

5 나무 스타타 가타야.

6 수가타야 아르하테 사먁삼붇다야
   시단투 반트라 파다스바하.

법신진언 비로자나부처님의 진언
法 身 眞 言

『**옴 아비라 훔 캄 스바하**』 (108번)
깊은 뜻에 도달하기를 원합니다.

회향게 회향하는 게송
廻 向 偈

상래현전청정중
上 來 現 前 淸 淨 衆

맑 고 도 깨끗하온
우리 대중들

풍송능엄비밀주
諷 誦 楞 嚴 秘 密 呪

능 엄 의 비밀주를
높이 외우고

회향삼보중룡천
廻 向 三 寶 衆 龍 天

삼보님과 용의무리
여러 천신과

수호가람제성중
守 護 伽 藍 諸 聖 衆

가람수호 성중들께
회향하오니

삼도팔난구리고
三 途 八 難 俱 離 苦

삼악도와 팔난고를
다 벗어나고

사은삼유진첨은
四 恩 三 有 盡 霑 恩

사은삼유 빠짐없이
은혜 입으며

국계안녕병혁소
國 界 安 寧 兵 革 銷

나 라 가 편안하여
싸움이 없고

풍조우순민안락
風 調 雨 順 民 安 樂

바 람 비 순조로워
백성 즐기며

대중훈수희승진
大 衆 薰 修 希 勝 進

대 중 들 닦는도업
날로 나아가

십지돈초무난사
十 地 頓 超 無 難 事

십 지 를 뛰어넘어
어려움 없고

삼문청정절비우
三 門 淸 淨 絶 非 虞

삼 문 이 청정하여
근심 끊어져

단신귀의증복혜
檀 信 歸 依 增 福 慧

심신단월 귀의하여
복혜 받으세

시방삼세일체불
十 方 三 世 一 切 佛

시방세계 삼세의
모든 부처님

제존보살마하살
諸 尊 菩 薩 摩 訶 薩

높으시고 거룩하온
여러 보살들

마하반야바라밀
摩 訶 般 若 波 羅 蜜

크고큰길 밝게비친
부처님 지혜

정근
精 勤

나무 삼계도사 사생자부 시아본사
南 無 三 界 導 師 四 生 慈 父 是 我 本 師

석가모니불 ……
釋 迦 牟 尼 佛

삼계의 도사이시고 사생의 자부이신 나의 근본 스승
인 석가모니부처님께 귀의합니다.

천상천하무여불 시방세계역무비
天 上 天 下 無 如 佛 十 方 世 界 亦 無 比

세간소유아진견
世 間 所 有 我 盡 見

일체무유여불자
一 切 無 有 如 佛 子

고아일심귀명정례
故 我 一 心 歸 命 頂 禮

하늘 위나 하늘 아래에 부처님 같으신 분 없고, 시방
세계에 또한 비교할 바 없네.
세상 천지를 내가 다 보아도 도무지 부처님 같으신
분 없네. 그러므로 내가 일심으로 귀명정례하옵니다.

(또는) 관세음보살 정근
觀 世 音 菩 薩 精 勤

나무 보문시현 원력홍심 대자대비
南 無 普 門 示 現 願 力 弘 深 大 慈 大 悲

구고구난 관세음보살……
救 苦 救 難 觀 世 音 菩 薩

널리 들어 나투시고 원력이 깊으시며 큰 자비로 세상
을 고난에서 구해 주시는 관세음보살님께 귀의합니다.

관세음보살 멸업장진언
觀 世 音 菩 薩 滅 業 障 眞 言

『옴 아로륵계 사바하』 (세 번)

구족신통력 광수지방편
具 足 神 通 力　　廣 修 智 方 便

시방제국토 무찰불현신
十 方 諸 國 土　　無 刹 不 現 身

고아일심귀명정례
故 我 一 心 歸 命 頂 禮

신통력을 구족하시고 널리 지혜의 방편을 닦아서
시방의 모든 국토에 몸을 나투지 않음이 없기에 그
러므로 내가 일심으로 귀명정례하옵니다.

원멸사생육도 법계유정 다겁생래
願 滅 四 生 六 道　　法 界 有 情　　多 劫 生 來

죄업장 아금참회계수례 원제죄장
罪 業 障　　我 今 懺 悔 稽 首 禮　　願 諸 罪 障

실소제 세세상행보살도 (세 번)
悉 消 除　　世 世 常 行 菩 薩 道

생축 발원문
生祝 發願文

무수한 전생으로부터 오늘에 이르도록 알
게 모르게 지어온 온갖 업장이 녹아지게 하
옵소서.

삼재팔난 관재구설 사백사병 등의 모든 재
난은 눈처럼 녹아지고 갖가지의 복덕과 길사
와 성취는 구름처럼 일어나게 하옵소서.

진흙에서 연꽃이 피면서도 흙탕물에 물들
지 않고 항상 청정하듯이 속세간에 살면서도
어느 때 어느 곳을 막론하고 부처님께서 내
려주신 오계와 십선계의 기본 계율을 지키
며, 평화와 지혜를 얻는 선정을 닦아 무시선
무처선의 생활을 할 수 있게 하옵소서.

부처님께 기도하고 감사하는 생활을 함에
있어서 법당의 부처님뿐만이 아니라 불성을
가진 모든 이들을 본래의 부처님 또는 미래

의 부처님으로 대하고 처처불상 사사불공의 정신을 실천할 수 있게 하옵소서.

불자가 길을 가는 데 있어서 무수히 많은 장애와 회의와 시험과 좌절이 있더라도 그 모든 것을 능히 극복할 수 있게 하옵소서.

무수한 재발심으로 무량수 무량광의 길에서 벗어나지 않게 하옵소서.

중생이 끝이 없고 번뇌가 끝없기에 법문을 배우고 불도를 이루려는 저희 소원도 끝이 없습니다.

지혜의 완성으로 필경에 대해탈을 이루게 될 때까지 불퇴전의 섭수와 가피의 자비를 베풀어 주옵소서.

세세생생 저희 이름이 들리고 저희 모습이 나타나는 곳마다 메아리가 소리를 따르고 그림자가 형상을 따르듯이 참 생명의 법이 전해지게 하옵소서.

나무 석가모니불 (세 번)

광명진언
光 明 眞 言

『옴 아모카 바이로차나 마하무드
라 마니 파드마 즈바라 프라바를타
야 훔』 (일곱 번)

십악 오역의 중죄를 지은 사람이 두 서너 번 듣
기만 하여도 모든 죄업이 다 소멸하나니라.

십악 오역의 모든 죄를 많이 지어 그 죄가 온 세
계에 가득 차서 죽어 지옥에 떨어졌더라도 깨끗한
모래에 이 진언을 백팔 번 외워서 그 모래를 그
사람의 시체나 무덤 위에 흩어주면 모든 죄가 다
소멸되어 곧 극락세계에 가서 나느니라.

원이차공덕 보급어일체 아등여중생
願 以 此 功 德　普 及 於 一 切　我 等 與 衆 生

당생극락국 동견무량수 개공성불도
當 生 極 樂 國　同 見 無 量 壽　皆 共 成 佛 道

대불정능엄신주의 공덕

부처님께서 수능엄경(首楞嚴經) 제7권에 대불정능엄신주를 설하신 후 수지독송의 공덕에 대하여 아난에게 말씀하셨다.

"아난아, 이 부처님의 정수리에 광명이 모여 이루어진 시타타파트라·비밀한 가타·미묘(微妙)한 글은 시방의 온갖 부처님을 내는 것이니, 시방의 여래가 이 주문으로 인하여 위 없는 삼먁삼보리를 이루는 것이며, 시방의 여래가 이 주문을 듣고 모든 마군을 항복 받고 외도를 이기는 것이며, 시방의 여래가 이 주문을 타시고 보배 연꽃에 앉아 미진 같은 세계에 들어가시는 것이며, 시방의 여래가 이 주문을 머금고 미진 같은 세계에서 법문을 설하시며, 시방의 여래가 이 주문을 가지고 시방세계에서 수기를 주시며, 시방의

여래가 이 주문을 의지하여 여러 고생하는
이를 제도하시며, 시방의 여래가 이 주문을
따라 시방 국토에서 선지식을 섬기어 공양하
고 항하사 여래의 법왕자가 되며, 시방의 여
래가 이 주문을 행하여 친한 이와 인연 있는
이를 붙들어 주시며, 소승들에게 비밀스러운
법문을 듣게 하며, 시방의 여래가 이 주문을
외워 위 없는 정각을 이루시며, 시방의 여래
가 이 주문을 전하여 열반하신 뒤에 불법을
유촉하여 머물러 있게 하며, 계율을 청정하
게 하시나니, 내가 만일 이 주문의 공덕을 다
말하자면 아침부터 저녁까지 그치지 않고 항
하사 겁이 지나도록 말하여도 다할 수 없느
니라.

이 주문을 여래의 정수리라고도 이름하나
니, 너희 배우는 사람들이 윤회를 벗어나는
도를 얻고자 하면서도 이 주문을 외우지 아
니하고 몸과 마음에 마가 없기를 바라는 것

은 옳지 아니하니라.

아난아, 만일 여러 세계 여러 나라에 사는
중생들이 나무껍질이나 잎이나 종이나 천에
이 주문을 써서 간직할 것이니 설사 외울 수
없거든 몸에 갖거나 방안에 두기만 하여도
독이 이 사람을 해하지 못하니라.

아난아, 내 다시 이 주문이 세상 중생들을
구호하며, 중생들이 세간에서 뛰어난 지혜를
이루게 하는 일을 말하리라.

내가 열반한 뒤에 말세 중생들이 제가 이
주문을 외우거나 남을 시켜 외우게 하면 이
중생들은 불이 태우지 못하며, 물이 빠뜨리
지 못하며, 독이 해치지 못하며, 용이나 하늘
사람이나 귀신이나 마귀의 나쁜 주문들이 건
드리지 못하고 마음에 삼매를 얻어서 독한
약과 만물의 독기가 이 사람의 입에 들어가
면 곧 감기로 변할 것이며, 나쁜 귀신들이라
도 이 사람에게는 해를 주지 못하며, 항상 이

사람을 보호할 것이니라.

아난아, 이 주문은 팔만사천 나유타 항하사 구지되는 금강장왕보살의 종족들이 밤낮으로 따라다니면서 보호하리니 설사 어떤 중생이 삼매가 아닌 산란한 때에라도 마음으로 생각하고 입으로 이 주문을 외우면 이러한 금강왕들이 항상 이 사람을 보호할 것이니 하물며, 보리 마음을 결정한 사람이야 말할 것이 있겠는가.

이 좋은 남자가 이 주문을 읽거나 외우거나 몸에 간직하면 이 사람은 보리심을 처음 낼 때부터 부처님 몸을 얻을 때까지 세세생생 나쁜 곳에 나지 아니하며 천하고 가난한 곳에도 태어나지 아니하느니라.

이 중생들이 설사 제 몸으로 복을 짓지 못하였더라도 부처님의 공덕을 얻어 한량없는 겁 동안을 항상 부처님을 떠나지 아니하느니라. 그리하여 계를 파한 사람으로는 계를 청정하게 하며, 계를 얻지 못한 이로는 계를 얻게 하며, 정진하지 못하는 이로는 정진하게 하며, 지혜가 없는 이로는 지혜를 얻게 하며, 재계를 가지지 못하는 이로는 재계를 이루게 하느니라.

아난아, 어떤 중생이 한량없는 옛적으로부터 지은 죄업을 지금까지 한 번도 참회하지 못하였더라도 이 주문을 읽거나 외우거나 써서 가지면 모든 죄업이 없어질 것이며, 오래지 않아서 무생법인을 얻게 되느니라.

아난아, 어떤 사람이 소원이 있어 지극한 정성으로 이 주문을 외우면 소원이 이루어질 것이며, 나라나 지방에 싸움이나 기근이나 질병의 재앙이 있더라도 그 지방에 사는 중생들이 이 주문을 모시거나 예배하게 하면 온갖 재앙이 모두 소멸하게 되느니라.

그러므로 여래가 이 주문을 일러서 이다음 세상까지 전하여서 처음으로 마음을 내어 수행하는 이들을 보호하여 삼매에 들게 하며, 마의 작란과 전생의 업장이 방해하는 일이 없게 하느니라.

 너와 이 회상에서 배우는 이들이나 이다음 세상에 수행하는 이들은 이 규모대로 수행하여 부모에서 얻은 육신으로 도를 이룰 것이니라."

 이처럼 대불정능엄신주의 공덕은 한량이 없으니, 일념으로 수지독송하면 모든 소원하는 바를 반드시 이루게 될 것입니다.

신묘장구대다라니 기도
神妙章句大陀羅尼

정구업진언 입으로 짓는 죄업을 깨끗이 하는 진언
淨口業眞言

『수리수리 마하수리 수수리 사바하』(세 번)

부처님께서 태양과 같은 대광명을 놓아서 「행자」
의 몸을 비추어 모든 보살이 손을 주어 영접하심
을 성취하게 해 주소서.

오방내외안위제신진언
五方內外安慰諸神眞言

하늘과 땅에 있는 모든 신을 편안하게 하는 진언

『나무 사만다 못다남 옴 도로도로 지
미 사바하』(세 번)

산란한 마음을 멈추어 한 대상에 경주하는 고요
한 마음의 인계(印契, 손에 인상을 맺고 다라니를 외우
는 일)에 귀명합니다. 마음의 샘물이 하나도 남는
것이 없도록 성취하게 해 주소서.

개경게   경을 펼치는 게송
開經偈

무상심심미묘법
無 上 甚 深 微 妙 法

가장높고   미묘하고
깊고깊은   부처님법

백천만겁난조우
百 千 萬 劫 難 遭 遇

백천만겁   지나도록
만나뵙기   어려워라

아금문견득수지
我 今 聞 見 得 受 持

내가지금   다행히도
보고듣고   지니오니

원해여래진실의
願 解 如 來 眞 實 意

부처님의   참된뜻을
밝게깨쳐   알아지다

개법장진언   참다운 법을 여는 진언
開法藏眞言

『옴 아라남 아라다』 (세 번)
깊은 뜻에 도달하기를 원합니다.

신묘장구대다라니
神妙章句大陀羅尼

나모라 다나다라 야야 나막알약 바
로기제 새바라야 모지사다바야 마
하 사다바야 마하가로 니가야 옴
살바 바예수 다라나가라야 다사명
나막 가리다바 이맘알야 바로기제
새바라 다바 니라간타 나막 하리나
야 마발다 이사미 살발타 사다남
수반 아예염 살바 보다남 바바말아
미수다감 다냐타 옴 아로계 아로가
마지로가 지가란제 혜혜하례 마하
모지 사다바 사마라 사마라 하리나
야 구로구로 갈마 사다야 사다야
도로도로 미연제 마하미연제 다라

다라 다린나례 새바라 자라자라 마
라 미마라 아마라 몰제 예혜혜 로
계 새바라 라아 미사미 나사야 나
베 사미사미 나사야 모하자라 미사
미 나사야 호로호로 마라호로 하례
바나마나바 사라사라 시리시리 소
로소로 못쟈못쟈 모다야 모다야 매
다리야 니라간타 가마사날사남 바
라 하라나야 마낙 사바하 싯다야
사바하 마하싯다야 사바하 싯다유
예 새바라야 사바하 니라간타야 사
바하 바라하 목카싱하 목카야 사바
하 바나마 하따야 사바하 자가라
욕다야 사바하 상카 섭나녜 모다나

야 사바하 마하라 구타다라야 사바
하 바마사간타 니사 시체다 가릿나
이나야 사바하 먀가라 잘마 이바
사나야 사바하

『나모라 다나다라 야야 나막알야 바
로기제 새바라야 사바하』(세 번)

관세음보살 정근 (☞ p. 42)
觀世音菩薩　精勤
[관음정근], [관세음보살 멸업장진언]까지 독송

발 원 문 (☞ p. 44)
發 願 文
[발원문] 57p 까지 독송

광명진언 (☞ p. 46)
光 明 眞 言
[광명진언 7번], [원이차공덕～개공성불도]까지 독송

불정존승다라니 기도
佛 頂 尊 勝 陀 羅 尼

정구업진언 입으로 짓는 죄업을 깨끗이 하는 진언
淨 口 業 眞 言

『수리수리 마하수리 수수리 사바하』(세 번)

부처님께서 태양과 같은 대광명을 놓아서 「행자」의 몸을 비추어 모든 보살이 손을 주어 영접하심을 성취하게 해 주소서.

오방내외안위제신진언
五 方 內 外 安 慰 諸 神 眞 言

하늘과 땅에 있는 모든 신을 편안하게 하는 진언

『나무 사만다 못다남 옴 도로도로 지미 사바하』(세 번)

산란한 마음을 멈추어 한 대상에 경주하는 고요한 마음의 인계(印契, 손에 인상을 맺고 다라니를 외우는 일)에 귀명합니다. 마음의 샘물이 하나도 남는 것이 없도록 성취하게 해 주소서.

개경게 경을 펼치는 게송
開經偈

무상심심미묘법
無上甚深微妙法

가장높고　미묘하고
깊고깊은　부처님법

백천만겁난조우
百千萬劫難遭遇

백천만겁　지나도록
만나뵙기　어려워라

아금문견득수지
我今聞見得受持

내가지금　다행히도
보고듣고　지니오니

원해여래진실의
願解如來眞實意

부처님의　참된뜻을
밝게깨쳐　알아지다

개법장진언 참다운 법을 여는 진언
開法藏眞言

『옴 아라남 아라다』(세 번)
깊은 뜻에 도달하기를 원합니다.

불정존승다라니
佛頂尊勝陀羅尼

나모 바가바테 트라이로캬

프라티 비시스타야

붓다야 바가바테

타댜타 옴 비슌다야 비슌다야

아싸마싸마 싸만타 바하싸

스파라나 가티 가하나

쓰와하바 비슌데

아빈심차투 맘 쑤가타

바라바차나 아밀따 아빈세카이

마하만트라 파다이 아하라 아하라

아유 삼다라니 소다야 소다야

가가나 비슛데

우스니사 비자야 비숫데

사하스라 라스미 삼수디테

사르바 타타가타 아바루카니

사트 파라미타 파리푸라니

사르바 타타가타 마티 다샤부미

프라티 스디테

사르바 타타가타 흐리다야

아디스타나 디스티타 마하무드레

바즈라 카야 숨하타나 비숫데

사르바 바라나 아바야

두르가티 파리비숫데

프라티 니바르타야 아유숫데

싸마야 아디스티테

마니마니 마하마니

타타타 부타꼬티 빠리숫데
비쓰포따 붓디숫데 자야 자야
비자야 비자야 쓰마라 쓰마라
싸르바 붓다 아디스티타 숫데
바즈리 바즈라 가르베
바즈람 바바투 마마 사리람
싸르바 사트바남 차
카야 파리 비숫데
싸르바 가띠 파리숫데
싸르바 타타가타 신차메
사마스바스 아얀투
사르바 타타가타 사마스바사
아디스티테
붓디야 붓디야 비붓디야 비붓디야

보다야 보다야 비보다야

비보디야 싸만타

파리숫데 사르바 타타가타

흐리다야 아디스타나 디스티타

마하무드레 스바하

관세음보살 정근 (☞ p. 42)
觀 世 音 菩 薩   精 勤

[관음정근], [관세음보살 멸업장진언]까지 독송

발 원 문 (☞ p. 44)
發 願 文

[발원문] 57p 까지 독송

광명진언 (☞ p. 46)
光 明 眞 言

[광명진언 7번], [원이차공덕～개공성불도]까지 독송

수구즉득다라니 기도
隨 求 卽 得 陀 羅 尼

정구업진언 입으로 짓는 죄업을 깨끗이 하는 진언
淨 口 業 眞 言

『수리수리 마하수리 수수리 사바하』(세 번)

부처님께서 태양과 같은 대광명을 놓아서 「행자」의 몸을 비추어 모든 보살이 손을 주어 영접하심을 성취하게 해 주소서.

오방내외안위제신진언
五 方 內 外 安 慰 諸 神 眞 言

하늘과 땅에 있는 모든 신을 편안하게 하는 진언

『나무 사만다 못다남 옴 도로도로 지
미 사바하』(세 번)

산란한 마음을 멈추어 한 대상에 경주하는 고요한 마음의 인계(印契, 손에 인상을 맺고 다라니를 외우는 일)에 귀명합니다. 마음의 샘물이 하나도 남는 것이 없도록 성취하게 해 주소서.

개경게 開經偈   경을 펼치는 게송

무상심심미묘법
無 上 甚 深 微 妙 法

가장높고 미묘하고
깊고깊은 부처님법

백천만겁난조우
百 千 萬 劫 難 遭 遇

백천만겁 지나도록
만나뵙기 어려워라

아금문견득수지
我 今 聞 見 得 受 持

내가지금 다행히도
보고듣고 지니오니

원해여래진실의
願 解 如 來 眞 實 意

부처님의 참된뜻을
밝게깨쳐 알아지다

개법장진언 開法藏眞言   참다운 법을 여는 진언

『옴 아라남 아라다』(세 번)
깊은 뜻에 도달하기를 원합니다.

수구즉득다라니
隨 求 卽 得 陀 羅 尼

나막 살바 따타가따남 나모

나막 살바 붇다 보디 사트바

붇다 달마 상게비약 옴 비프라

갈베 비프라 비말레 쟈야

갈베 바즈라 즈발라 갈베 가띠 가

하네 가가나 뷔쇼다네

살바 빠빠 뷔쇼다네

옴 구나바띠 가가리니 기리기리

가마리 가마리 가하가하

가갈리 가갈리 가가리 가가리

감바리 감바리 가띠가띠

가마네가레 구루구루 구루니

짤레 아짤레 못짤레 자예 뷔자예
살바 바야 뷔가떼 갈바 삼바라니
시리시리 미리미리 기리기리
사만타 깔샤네
살바 샤뜨루 쁘라마타네
라크샤 라크샤 마마
살바 사트바남 짜 뷔리뷔리
뷔가따 봐라나 바야 나샤네
수리수리 찌리찌리 까말레 비말레
자예 자야봐헤 자야바띠 바가바띠
라뜨나 마꾸따 말라다리 바후
뷔뷔다 뷔찌뜨라 베샤루 빠 다리니
바가바띠 마하 비디야데비
라크샤 라크샤 마마

살바 사트바남 짜 사만타 살바뜨라
살바빠빠 비쇼다네 후루후루
나크샤트라 말라 다리니
라크샤 라크샤 맘 마마 아나타시야
트라나 빠라야 나시야
빠리 모짜야 메 살바 도케비약
찬디찬디 찬디니 뻬가바띠
살바 두쉬따 니봐라니 샤뜨루
빠끄샤 쁘라마타니 뷔자야 봐히니
후루후루 무루무루 쭈루쭈루
아유파라니 수라봐라 마타니
살바 데바타 뿌지테 디리디리
사만타 발로끼떼 프라베 프라베
수쁘라바 뷔숫데

살바 빠빠 뷔쇼다네 다라다라

다라니 라라다레 수무수무 루루

짤레 짤라야 두쉬땀 뿌라야 메

아샴 슈리봐뿌르 다남 자야

까말레 끄쉬니 끄쉬니

봐라데 봐라담 꼬세

옴 파드마 뷔숫데 쇼다야 쇼다야

숫데 바라바라 비리비리 부루부루

망갈라 뷔숫데 빠뷔뜨라 무케

카드기니 카드기니 카라카라

즈바리따 쉴레 사만타 쁘라사리따

봐바시따 숫데 즈바라 즈바라

살바 데바가나 사만타 깔샤니

사뜨야봐떼 따라뿌라 따라야 맘

나가 빌로끼떼 라후라후
후누후누 끄쉬니 끄쉬니
살바 그라하 바끄샤니
삥갈리 삥갈리 쭈무쭈무 수무수무
쭈무짤레 따라따라 나가 빌로끼니
따라야뚜 맘 바가바띠
아숫따 마하 바예비약 사무드라
사가라 빠리얀땀 빠딸라
가가나 딸람 살바뜨라 사만떼나
디샤 반데나
바즈라 쁘라까라
바즈라 빠샤 반다네나
바즈라 즈바라 뷔숫데
부리부리 가르바바띠 가르바

비쇼다니 꾸끄쉬 삼뿌라니

즈바라 즈바라 짤라짤라

즈발리니 쁘라바르샤뚜 데바

사만떼나 디뵤다케나 암리따 바르

샤니 데바타 따봐라니

아비쉰짜뚜 메 수가따 봐라

바짜나 암리따 봐라 바뿌세

라크샤 라크샤 마마

살바 사뜨봐남 짜 살바뜨라 살바다

살바 바예비약 살보 빠드라베비약

살보 빠살게비약

살바 두쉬따 바야 비따샤

살바 깔리 깔라하 뷔그라하

뷔봐다 도흐 스봐쁘나 두르니 믿따

망갈리야 빠빠 뷔나샤니
살바 야끄샤 라크샤사 나가
니봐라니 사라니 사례
발라발라 발라바띠
자야자야 자야뚜 맘사 봐르뜨라
살바 깔람 싣디얃뚜 메 에맘
마하 뷔디얌 사다야 사다야
살바 만달라 사다니 가따야
살바 뷔그낳 자야자야
싣데싣데 수싣데 시디야 시디야
부디야 부디야 뿌라야 뿌라야
뿌라니 뿌라니 뿌라야 메 아샴
살바 뷔디야디 가따 무르떼
자요따리 자야바띠

띠슈타 띠슈타 사마야
마누빨라야 따타가따
흐리다야 숫데뷔야 발로까야
맘 아슈따비 마하 다루나 바예
사라사라 쁘라사라 쁘라사라
살바 봐라나 뷔쇼다니
사만타 까라 만달라
뷔슛데 뷔가떼 뷔가떼 뷔가따
말라 뷔쇼다니 끄쉬니 끄쉬니
살바 빠빠 뷔슛데 마라 뷔가떼
떼자바티 바즈라바띠
쁘라일로끼야 디슈띠떼 스바하
살바 다타가타 붇다 비슛떼 스바하
살바 보디사트바 비슛떼 스바하

살바 데바타 비슛떼 스바하
살바 따타가따 흐리다야 디슈띠따
흐리다예 스바하
살바 따타가따 사마야 싣데 스바하
인드렌 드라 봐띤 드라 뷔야발로끼
떼 스바하
브라흐메 브라흐마 바뚜쉬떼 스바하
비쉬누 나마스 끄리떼 스바하
마헤슈봐라 반디따 뿌지테 스바하
바즈라다라 바즈라빠니 발라 뷔리
야 디슈티떼 스바하
드리따라 쉬프라야 스바하
뷔루다까야 스바하
뷔루빠크샤야 스바하

봐이슈라봐나야 스바하
짜투루 마하 라자 나마스 끄리따야
스바하
야마야 스바하 야마 뿌지따 나마스
끄리따야 스바하
봐루나야 스바하 마루따야 스바하
마하 마루따야 스바하
아그나예 스바하
나가 빌로끼따야 스바하
데봐 가네비약 스바하
나가 가네비약 스바하
야끄샤 가네비약 스바하
라크샤사 가네비약 스바하
간다르봐 가네비약 스바하

아수라 가네비약 스바하
가루다 가네비약 스바하
낀나라가 가네비약 스바하
마호라가 가네비약 스바하
마누셰비약 스바하
아마누셰비약 스바하
살바 그라헤비약 스바하
살바 부떼비약 스바하
쁘리떼비약 스바하
삐샤쩨비약 스바하
아빠스마레비약 스바하
꿈반데비약 스바하
옴 두루두루 스바하
옴 뚜루뚜루 스바하

옴 무루무루 스바하

하나하나 살바 샤뜨루남 스바하

다하다하 살바 두쉬따 쁘라두쉬따

남 스바하

빠짜빠짜 살바 쁘라띠야르티까

쁘라띠야 미뜨라남 예 마마 아히따

이쉬낙 떼샴 살베삼 샤리람 즈바라

야 두쉬따 찌따남 스바하

즈발리따야 스바하

쁘라 즈발리따야 스바하

디쁘따 즈발라야 스바하

사만타 즈발라야 스바하

마니 바드라야 스바하

뿌르나 바드라야 스바하

마하 깔라야 스바하
마뜨리가나야 스바하
야끄쉬니남 스바하
라크샤시남 스바하
아까샤 마뜨리남 스바하
사무드라 봐시니남 스바하
라뜨리 짜라남 스바하
디봐사 짜라남 스바하
뜨리삼디야 짜라남 스바하
벨라 짜라남 스바하
아벨라 짜라남 스바하
가하 하레비약 스바하
가하 삼따라닉 스바하
후루후루 스바하

옴 스바하 스박 스바하

복 스바하 브박 스바하

옴 부르브박 스바하

찌띠찌띠 스바하 뷔띠뷔띠 스바하

다라닉 다라닉 스바하

아그닉 스바하 떼조바뽀 스바하

찌리찌리 스바하 시리시리 스바하

부디야 부디야 스바하

시디야 시디야 스바하

만달라 신데 스바하

만달라 반데 스바하

시마 반다네 스바하

살바 샤뜨루남 잠바잠바 스바하

스땀바야 스땀바야 스바하

찐나찐나 스바하 빈나빈나 스바하
반자반자 스바하 반다반다 스바하
모하야 모하야 스바하
마니 뷔숫데 스바하
수리예 수리예 수리야 뷔숫데 비쇼
다네 스바하
짠드레 수짠드레 뿌르나 짠드레 스
바하
그라헤비약 스바하
나끄샤뜨레비약 스바하
쉬봐익 스바하
샨띠 스봐스띠야 야네 스바하
쉬밤 까리 샨띠 까리 뿌쉬띠 까리
마라마다니 스바하

슈릭 까리 스바하

슈리야 마다니 스바하

슈리야 즈바라니 스바하

나무찜 스바하 마루띠 스바하

베가바띠 스바하

관세음보살 정근 (☞ p. 42)
觀 世 音 菩 薩   精 勤

[관음정근], [관세음보살 멸업장진언]까지 독송

발 원 문 (☞ p. 44)
發 願 文

[발원문] 57p 까지 독송

광명진언 (☞ p. 46)
光 明 眞 言

[광명진언 7번], [원이차공덕~개공성불도]까지 독송

제2장
예경편

천수경 / 반야심경

육근참회서원문 / 시방제불설참회법 /

예불대참회문 / 이산혜연선사발원문 / 의상조사 법성게

천 수 경
千　手　經

정구업진언 입으로 짓는 죄업을 깨끗이 하는 진언
淨 口 業 眞 言

『수리수리 마하수리 수수리 사바하』(세 번)

부처님께서 태양과 같은 대광명을 놓아서 「행자」
의 몸을 비추어 모든 보살이 손을 주어 영접하심
을 성취하게 해 주소서.

오방내외안위제신진언
五 方 內 外 安 慰 諸 神 眞 言

하늘과 땅에 있는 모든 신을 편안하게 하는 진언

『나무 사만다 못다남 옴 도로도로 지 미 사바하』(세 번)

산란한 마음을 멈추어 한 대상에 경주하는 고요
한 마음의 인계(印契, 손에 인상을 맺고 다라니를 외우
는 일)에 귀명합니다. 마음의 샘물이 하나도 남는
것이 없도록 성취하게 해 주소서.

개경게 경을 펼치는 게송
開 經 偈

| 무상심심미묘법 | 가장높고 미묘하고 |
| 無上甚深微妙法 | 깊고깊은 부처님법 |

| 백천만겁난조우 | 백천만겁 지나도록 |
| 百千萬劫難遭遇 | 만나뵙기 어려워라 |

| 아금문견득수지 | 내가지금 다행히도 |
| 我今聞見得受持 | 보고듣고 지니오니 |

| 원해여래진실의 | 부처님의 참된뜻을 |
| 願解如來眞實意 | 밝게깨쳐 알아지다 |

개법장진언 참다운 법을 여는 진언
開 法 藏 眞 言

『옴 아라남 아라다』(세 번)

깊은 뜻에 도달하기를 원합니다.

천수천안관자재보살 광대원만
千手千眼觀自在菩薩 廣大圓滿

무애대비심 대다라니계청
無碍大悲心 大陀羅尼啓請

천의 손과 천의 눈을 가지신 관자재보살님의 광대하고, 걸림없는 대비주의 신묘한 법문을 열기를 청하옵니다.

계수관음대비주
稽首觀音大悲呪

관음보살 대비주께
머리숙여 절합니다

원력홍심상호신
願力弘深相好身

크고깊은 그원력에
상호또한 거룩하신

천비장엄보호지
千臂莊嚴普護持

일천팔로 장엄하여
온중생을 거두시고

천안광명변관조
千眼光明遍觀照

일천눈의 광명으로
온세상을 살피시며

진실어중선밀어
眞實語中宣密語

참된말씀 그가운데
비밀한뜻 보이시고

무위심내기비심
無爲心內起悲心

하염없는 마음속에
자비심을 일으키셔

속령만족제희구
速令滿足諸希求

저희들의 온갖소원
어서속히 이루옵고

영사멸제제죄업
永使滅除諸罪業

모든죄업 남김없이
깨끗하게 씻어지다

천룡중성동자호
天龍衆聖同慈護

천룡팔부 모든성중
또한함께 보살피사

백천삼매돈훈수
百千三昧頓熏修

백천가지 온갖삼매
한꺼번에 깨쳐지다

수지신시광명당
受 持 身 是 光 明 幢

이법지닌 저희몸은
밝고빛난 깃발이고

수지심시신통장
受 持 心 是 神 通 藏

이법지닌 저희마음
신비로운 보배창고

세척진로원제해
洗 滌 塵 勞 願 濟 海

모든티끌 씻어내고
고통바다 어서건너

초증보리방편문
超 證 菩 提 方 便 門

깨우치는 방편문을
뛰어나게 하여지다

아금칭송서귀의
我 今 稱 誦 誓 歸 依

지극하온 정성으로
읽고외워 원하오니

소원종심실원만
所 願 從 心 悉 圓 滿

원하는일 마음대로
빠짐없이 이뤄지다

나무대비관세음
南 無 大 悲 觀 世 音

자비하신 관세음께
귀의하여 비옵니다

원아속지일체법
願 我 速 知 一 切 法

이세상의 모든진리
어서속히 깨쳐지다

나무대비관세음
南 無 大 悲 觀 世 音

자비하신 관세음께
귀의하여 비옵니다

원아조득지혜안
願 我 早 得 智 慧 眼

맑고밝은 지혜안을
하루속히 갖춰지다

나무대비관세음
南 無 大 悲 觀 世 音

자비하신 관세음께
귀의하여 비옵니다

원아속도일체중
願 我 速 度 一 切 衆

한량없는 모든중생
어서속히 건져지다

나무대비관세음
南 無 大 悲 觀 世 音

자비하신 관세음께
귀의하여 비옵니다

원아조득선방편
願 我 早 得 善 方 便

해탈하는 좋은방편
하루속히 얻어지다

나무대비관세음
南 無 大 悲 觀 世 音

자비하신 관세음께
귀의하여 비옵니다

원아속승반야선
願 我 速 乘 般 若 船

저언덕의 지혜배에
어서속히 올라지다

나무대비관세음
南 無 大 悲 觀 世 音

자비하신 관세음께
귀의하여 비옵니다

원아조득월고해
願 我 早 得 越 苦 海

생로병사 고통바다
하루속히 건너지다

나무대비관세음
南 無 大 悲 觀 世 音

자비하신 관세음께
귀의하여 비옵니다

원아속득계정도
願 我 速 得 戒 定 道

계와선정 훌륭한길
빨리얻게 하여지다

나무대비관세음
南 無 大 悲 觀 世 音

자비하신 관세음께
귀의하여 비옵니다

원아조등원적산
願 我 早 登 圓 寂 山

괴롬여원 원적산에
어서속히 올라지다

나무대비관세음
南 無 大 悲 觀 世 音

자비하신 관세음께
귀의하여 비옵니다

원아속회무위사
願 我 速 會 無 爲 舍

차별없는 법의집에
하루속히 모여지다

나무대비관세음
南 無 大 悲 觀 世 音

자비하신 관세음께
귀의하여 비옵니다

원아조동법성신
願 我 早 同 法 性 身

절대평등 법성의몸
어서속히 이뤄지다

아약향도산
我 若 向 刀 山

칼산지옥 내가가면

도산자최절
刀 山 自 摧 折

칼산절로 무너지고

아약향화탕
我 若 向 火 湯

화탕지옥 내가가면

화탕자소멸
火 湯 自 消 滅

화탕절로 없어지며

아약향지옥
我 若 向 地 獄

모든지옥　내가가면

지옥자고갈
地 獄 自 枯 渴

지옥절로　말라지리

아약향아귀
我 若 向 餓 鬼

아귀세계　내가가면

아귀자포만
餓 鬼 自 飽 滿

아귀들이　배부르고

아약향수라
我 若 向 修 羅

수라세계　내가가면

악심자조복
惡 心 自 調 伏

악한마음　조복되며

아약향축생
我 若 向 畜 生

축생세계　내가가면

자득대지혜
自 得 大 智 慧

지혜절로　생겨지다

나무관세음보살마하살
南 無 觀 世 音 菩 薩 摩 訶 薩

관세음보살 마하살께 귀의합니다

나무대세지보살마하살
南 無 大 勢 至 菩 薩 摩 訶 薩
대세지보살 마하살께 귀의합니다

나무천수보살마하살
南 無 千 手 菩 薩 摩 訶 薩
천수보살 마하살께 귀의합니다

나무여의륜보살마하살
南 無 如 意 輪 菩 薩 摩 訶 薩
여의륜보살 마하살께 귀의합니다

나무대륜보살마하살
南 無 大 輪 菩 薩 摩 訶 薩
대륜보살 마하살께 귀의합니다

나무관자재보살마하살
南 無 觀 自 在 菩 薩 摩 訶 薩
관자재보살 마하살께 귀의합니다

나무정취보살마하살
南 無 正 趣 菩 薩 摩 訶 薩
정취보살 마하살께 귀의합니다

나무만월보살마하살
南 無 滿 月 菩 薩 摩 訶 薩
만월보살 마하살께 귀의합니다

나무수월보살마하살
南 無 水 月 菩 薩 摩 訶 薩
수월보살 마하살께 귀의합니다

나무군다리보살마하살
南 無 軍 茶 利 菩 薩 摩 訶 薩
군다리보살 마하살께 귀의합니다

나무십일면보살마하살
南 無 十 一 面 菩 薩 摩 訶 薩
십일면보살 마하살께 귀의합니다

나무제대보살마하살
南 無 諸 大 菩 薩 摩 訶 薩
제대보살 마하살께 귀의합니다

나무본사아미타불 (세 번)
南 無 本 師 阿 彌 陀 佛
본사 아미타부처님께 귀의합니다

신묘장구대다라니 신비하고 미묘한 다라니
神 妙 章 句 大 陀 羅 尼

나모라 다나다라 야야 나막알약 바
로기제 새바라야 모지사다바야

마하 사다바야 마하가로 니가야 옴
살바 바예수 다라나가라야 다사명
나막 가리다바 이맘알야 바로기제
새바라 다바 니라간타 나막 하리나
야 마발다 이사미 살발타 사다남
수반 아예염 살바 보다남 바바말아
미수다감 다냐타 옴 아로계 아로가
마지로가 지가란제 혜혜하례 마하
모지 사다바 사마라 사마라 하리나
야 구로구로 갈마 사다야 사다야
도로도로 미연제 마하미연제 다라
다라 다린나례 새바라 자라자라 마
라 미마라 아마라 몰제 예혜혜 로
계 새바라 라아 미사미 나사야 나

베 사미사미 나사야 모하자라 미사
미 나사야 호로호로 마라호로 하례
바나마나바 사라사라 시리시리 소
로소로 못쟈못쟈 모다야 모다야 매
다리야 니라간타 가마사날사남 바
라 하라나야 마낙 사바하 싯다야
사바하 마하싯다야 사바하 싯다유
예 새바라야 사바하 니라간타야 사
바하 바라하 목카싱하 목카야 사바
하 바나마 하따야 사바하 자가라
욕다야 사바하 상카 섭나녜 모다나
야 사바하 마하라 구타다라야 사바
하 바마사간타 니사 시체다 가릿나
이나야 사바하 먀가라 잘마 이바

사나야 사바하

『나모라 다나다라 야야 나막알야 바
로기제 새바라야 사바하』(세 번)

사방찬 사방을 찬탄하는 게송
四 方 讚

일쇄동방결도량   첫째동방   망상씻어
一 灑 東 方 潔 道 場   청정도량   이루우고

이쇄남방득청량   둘째남방   열뇌씻어
二 灑 南 方 得 淸 凉   끓는마음   시원하며

삼쇄서방구정토   셋째서방   탐심씻어
三 灑 西 方 俱 淨 土   안락정토   이루우고

사쇄북방영안강   넷째북방   애욕씻어
四 灑 北 方 永 安 康   영원토록   안락하네

도량찬 도량의 깨끗함을 찬탄함
道 場 讚

도량청정무하예   온도량이   깨끗하여
道 場 淸 淨 無 瑕 穢   더러운것   전혀없어

삼보천룡강차지
三 寶 天 龍 降 此 地

삼보님과　천룡님네
이도량에　오시도다

아금지송묘진언
我 今 持 誦 妙 眞 言

제가이제　묘한진언
지니옵고　외우오니

원사자비밀가호
願 賜 慈 悲 密 加 護

자비감로　베푸시어
저희들을　살피소서

참회게　잘못을 참회하는 게송
懺 悔 偈

아석소조제악업
我 昔 所 造 諸 惡 業

아득히먼　옛날부터
내가지은　모든악업

개유무시탐진치
皆 由 無 始 貪 瞋 癡

크고작은　그것모두
탐진치로　생기었네

종신구의지소생
從 身 口 意 之 所 生

몸과입과　뜻을따라
무명으로　지었기에

일체아금개참회
一 切 我 今 皆 懺 悔

저는지금　진심으로
참회하고　비옵니다

참제업장십이존불
懺 除 業 障 十 二 尊 佛

업장을 참회하면 멸하여
주시는 열 두 분의 부처님

나무참제업장보승장불
南 無 懺 除 業 障 寶 勝 藏 佛
한 번만 외워도 짐승을 타고 다닌 죄를 소멸함

보광왕화렴조불
寶 光 王 火 燄 照 佛
한 번만 외워도 상주 지물을 손해한 죄를 소멸함

일체향화자재력왕불
一 切 香 火 自 在 力 王 佛
한 번만 외워도 일평생 계행 파한 죄를 소멸함

백억항하사결정불
百 億 恒 河 沙 決 定 佛
한 번만 외워도 일평생 살생한 죄를 소멸함

진위덕불
振 威 德 佛
한 번만 외워도 사음한 죄악과 악구한 죄를 소멸함

금강견강소복괴산불
金 剛 堅 强 消 伏 壞 散 佛
한 번만 외워도 아비지옥에 떨어지지 않음

보광월전묘음존왕불
普 光 月 殿 妙 音 尊 王 佛
한 번 외우면 대장경을 한 번 읽은 공덕과 같음

환희장마니보적불
歡 喜 藏 摩 尼 寶 積 佛
외우는 공덕은 다른 부처님의 공덕과 같음

무진향승왕불
無 盡 香 勝 王 佛
무량겁에 생사중죄를 초월하여 숙명지를 얻음

사자월불
獅 子 月 佛
듣기만 해도 무량겁의 생사중죄를 소멸함

환희장엄주왕불
歡 喜 莊 嚴 珠 王 佛
예배하면 오백만억 겁의 생사중죄를 멸함

제보당마니승광불
帝 寶 幢 摩 尼 勝 光 佛
귀의하면 오백만억 겁의 생사중죄를 멸함

십악참회 열 가지 죄업을 참회함
十 惡 懺 悔

살생중죄금일참회
殺 生 重 罪 今 日 懺 悔
살생하고 상해한 죄
오늘 참회하옵니다

투도중죄금일참회
偷盜重罪今日懺悔

도둑질한 부끄런 죄
오늘 참회하옵니다

사음중죄금일참회
邪淫重罪今日懺悔

사음 간음 범해온 죄
오늘 참회하옵니다

망어중죄금일참회
妄語重罪今日懺悔

거짓말한 부끄런 죄
오늘 참회하옵니다

기어중죄금일참회
綺語重罪今日懺悔

꾸며 대던 발림말 죄
오늘 참회하옵니다

양설중죄금일참회
兩舌重罪今日懺悔

이간질한 경박한 죄
오늘 참회하옵니다

악구중죄금일참회
惡口重罪今日懺悔

나쁜 말로 험담한 죄
오늘 참회하옵니다

탐애중죄금일참회
貪愛重罪今日懺悔

탐욕하여 집착한 죄
오늘 참회하옵니다

진에중죄금일참회
瞋恚重罪今日懺悔

성냄으로 괴롭힌 죄
오늘 참회하옵니다

치암중죄금일참회
癡暗重罪今日懺悔

시기 질투 야만 방일 죄
오늘 참회하옵니다

백겁적집죄
百劫積集罪

백 겁 천 겁 쌓인 죄업

일념돈탕진 一 念 頓 蕩 盡	한생각에 없어져서
여화분고초 如 火 焚 枯 草	마른 풀을 불태운 듯
멸진무유여 滅 盡 無 有 餘	흔적없이 사라지네
죄무자성종심기 罪 無 自 性 從 心 起	죄의자성 본래없어 마음따라 일어난것
심약멸시죄역망 心 若 滅 時 罪 亦 亡	한생각을 돌이키면 죄업또한 없어져서
죄망심멸양구공 罪 亡 心 滅 兩 俱 空	죄와마음 모두멸한 그생각도 공하여라
시즉명위진참회 是 則 名 爲 眞 懺 悔	이와같은 참회만이 진실다운 참회라네

참회진언 죄를 참회하는 진언
懺 悔 眞 言

『**옴 살바못자 모지 사다야 사바하**』(세 번)
일체 모든 업장을 참회합니다. 성취케 해 주소서.

준제공덕취
准 提 功 德 聚

준제주의 크신공덕

적정심상송
寂 靜 心 常 誦

일념으로 늘외우면

일체제대난
一 切 諸 大 難

그어떠한 어려움도

무능침시인
無 能 侵 是 人

침노하지 못하여서

천상급인간
天 上 及 人 間

천상이나 인간에서

수복여불등
受 福 如 佛 等

부처님복 받게되면

우차여의주
遇 此 如 意 珠

여의주를 얻은것과

정획무등등
定 獲 無 等 等

다름없는 것이리라

나무칠구지불모대준제보살 (세 번)
南 無 七 俱 胝 佛 母 大 准 提 菩 薩

정법계진언   법계를 깨끗이 하는 진언
淨 法 界 眞 言

『**옴 남**』 (세 번)　　　　원합니다. 귀명합니다.

호신진언 몸을 보호하는 진언
護 身 眞 言

『**옴 치림**』 (세 번)　　　　스님이 계시는 사원에서
　　　　　　　　　　　　원합니다.

관세음보살 본심미묘 육자대명왕진언
觀 世 音 菩 薩 本 心 微 妙 六 字 大 明 王 眞 言
관세음보살님의 미묘하신 본심을 보이는 여섯 자의 진언

『**옴 마니 반메 훔**』 (세 번)
여의보주련회존께 오직 원하옵니다.

준제진언 준제 관음의 진언
准 提 眞 言

『**나무 사다남 삼먁 삼못다 구치남 다
냐타 옴 자례주례 준제 사바하 부
림**』 (세 번)

아금지송대준제　　　내가이제　준제진언
我 今 持 誦 大 准 提　　지성으로　외우면서

즉발보리광대원　　　보리심의　넓고큰원
卽 發 菩 提 廣 大 願　　이제바로　세우오니

원아정혜속원명
願 我 定 慧 速 圓 明
선정지혜　원만하여
어서밝게　깨쳐지다

원아공덕개성취
願 我 功 德 皆 成 就
크고넓은　모든공덕
남김없이　쌓여지다

원아승복변장엄
願 我 勝 福 遍 莊 嚴
뛰어난복　큰장엄을
두루두루　갖춰지다

원공중생성불도
願 共 衆 生 成 佛 道
그지없는　중생들과
불도함께　이뤄지다

여래십대발원문　부처님 열 가지 큰 발원문
如 來 十 大 發 願 文

원아영리삼악도
願 我 永 離 三 惡 道
나는항상　삼악도를
여의옵기　원하오며

원아속단탐진치
願 我 速 斷 貪 瞋 癡
나는항상　탐진치를
빨리끊기　원하오며

원아상문불법승
願 我 常 聞 佛 法 僧
나는항상　불법승을
만나뵙기　원하오며

원아근수계정혜
願 我 勤 修 戒 定 慧
나는항상　계정혜를
힘껏닦기　원하오며

원아항수제불학
願 我 恒 隨 諸 佛 學
나는항상　부처님법
배우기를　원하오며

원아불퇴보리심
願 我 不 退 菩 提 心
나는항상 보리심을
여의잖기 원하오며

원아결정생안양
願 我 決 定 生 安 養
나는항상 극락세계
태어나기 원하오며

원아속견아미타
願 我 速 見 阿 彌 陀
나는항상 아미타불
빨리뵙기 원하오며

원아분신변진찰
願 我 分 身 遍 塵 刹
나는항상 나툰몸을
두루펴기 원하오며

원아광도제중생
願 我 廣 度 諸 衆 生
나는항상 모든중생
제도하기 원합니다

발사홍서원 네 가지 큰 원을 세움
發 四 弘 誓 願

중생무변서원도
衆 生 無 邊 誓 願 度
한량없는 모든중생
기어이다 건지리다

번뇌무진서원단
煩 惱 無 盡 誓 願 斷
끝이없는 모든번뇌
기어이다 끊으리다

법문무량서원학
法 門 無 量 誓 願 學
한이없는 모든법문
기어이다 배우리다

불도무상서원성
佛 道 無 上 誓 願 成
위가없는 모든불도
기어이다 이루리다

자성중생서원도
自性衆生誓願度

내마음속　모든중생
남김없이　건지리다

자성번뇌서원단
自性煩惱誓願斷

내마음속　모든번뇌
남김없이　끊으리다

자성법문서원학
自性法門誓願學

내마음속　모든법문
남김없이　배우리다

자성불도서원성
自性佛道誓願成

내마음속　모든불도
남김없이　이루리다

발원이 귀명례삼보
發願已　歸命禮三寶

목숨 바쳐 삼보님께
귀의하기 원하옵니다

나무상주시방불
南無常住十方佛

시방세계　항상계신
부처님께　귀의합니다

나무상주시방법
南無常住十方法

시방세계　항상계신
가르침에　귀의합니다

나무상주시방승
南無常住十方僧

시방세계　항상계신
스님들께　귀의합니다

※일반적으로 천수경 독송은 여기서 끝나게 된다. 그러나 염불당에서 염불을 거행할 때는 장엄염불까지 계속 독송하는 것을 원칙으로 하고 있다.

정삼업진언 삼업을 깨끗이 하는 진언
淨 三 業 眞 言

『옴 사바바바 수다살바 달마 사바바
바 수도함』(세 번)

四바라밀, 五정거천인 하늘에서 세존께서 내린
감로의 맛, 다라수 밑의 사다함과를 원합니다.

개단진언 법단을 여는 진언
開 壇 眞 言

『옴 바아라 놔로 다가다야 삼마야
바라베 사야 훔』(세 번)

금강저로써 나로파밀교성취사의 삼매집회교리를
어리석은 범부에게 전하여 해탈케 해 주소서.

건단진언 법단을 세우는 진언
建 壇 眞 言

『옴 난다난다 나지나지 난다바리 사
바하』(세 번)

난다, 발난다비구, 만다리여존, 우바리에게 원합
니다. 성취케 해 주소서.

정법계진언
淨法界眞言   법의 세계를 깨끗이 하는 진언

라자색선백
羅字色鮮白   곱고고운 빛으로
진언 편 것이

공점이엄지
空點以嚴之   공점으로 갖추어진
장엄 같을새

여피계명주
如彼髻明珠   맑고도 곱게 생긴
밝은 구슬이

치지어정상
置之於頂上   정상의 높은데서
광명 내시네

진언동법계
眞言同法界   진언과 법계가
둘이 아닐새

무량중죄제
無量衆罪除   한없이 지은 큰 죄
사하려거나

일체촉예처
一切觸穢處   갖가지 나쁜 곳에
부딪칠때도

당가차자문
當加此字門   마땅히 이 진언을
지송합니다.

『나무 사만다 못다남 남』(세 번)

마하반야바라밀다심경
摩訶般若波羅蜜多心經

관자재보살 행심반야바라밀다시
觀自在菩薩 行深般若波羅蜜多時

조견오온개공 도일체고액
照見五蘊皆空 度一切苦厄

사리자 색불이공 공불이색
舍利子 色不異空 空不異色

색즉시공 공즉시색
色卽是空 空卽是色

수상행식 역부여시
受想行識 亦復如是

사리자 시제법공상 불생불멸
舍利子 是諸法空相 不生不滅

불구부정 부증불감
不垢不淨 不增不減

시고공중무색 무수상행식
是故空中無色 無受想行識

무안이비설신의 무색성향미촉법
無眼耳鼻舌身意 無色聲香味觸法

무안계내지 무의식계
無眼界乃至 無意識界

무무명 역무무명진
無無明 亦無無明盡

내지 무노사 역무노사진
乃至 無老死 亦無老死盡

무고집멸도 무지역무득 이무소득고
無苦集滅道 無智亦無得 以無所得故

보리살타 의반야바라밀다고
菩提薩埵 依般若波羅蜜多故

심무가애 무가애고 무유공포
心無罣碍 無罣碍故 無有恐怖

원리전도몽상 구경열반
遠離顚倒夢想 究竟涅槃

삼세제불 의반야바라밀다
三世諸佛 依般若波羅蜜多

고득아뇩다라삼먁삼보리
故得阿耨多羅三藐三菩提

고지 반야바라밀다 시대신주
故 知　般 若 波 羅 蜜 多　是 大 神 呪

시대명주 시무상주 시무등등주
是 大 明 呪　是 無 上 呪　是 無 等 等 呪

능제일체고 진실불허
能 除 一 切 苦　眞 實 不 虛

고설반야바라밀다주 즉설주왈
故 說 般 若 波 羅 蜜 多 呪　卽 說 呪 曰

아제 아제 바라아제 바라승아제 모
揭 諦　揭 諦　波 羅 揭 諦　波 羅 僧 揭 諦　菩

지 사바하 (세 번)
提　娑 婆 訶

반야심경 해설

　관자재보살이 깊은 반야바라밀다를 행할
때, 오온이 공한 것을 비추어 보고 온갖 고통
에서 건너느니라.

　사리자여! 색이 공과 다르지 않고 공이 색
과 다르지 않으며 색이 곧 공이요 공이 곧 색

이니, 수·상·행·식도 그러하니라.

사리자여! 모든 법은 공하여 나지도 멸하지도 않으며, 더럽지도 깨끗하지도 않으며, 늘지도 줄지도 않느니라.

그러므로 공 가운데는 색이 없고 수·상·행·식도 없으며, 안·이·비·설·신·의도 없고, 색·성·향·미·촉·법도 없으며, 눈의 경계도 의식의 경계까지도 없고, 무명도 무명이 다함까지도 없으 며, 늙고 죽음도 늙고 죽음이 다함까지도 없고, 고·집·멸·도도 없으며, 지혜도 얻음도 없느니라.

얻을 것이 없는 까닭에 보살은 반야바라밀다를 의지하므로 마음에 걸림이 없고 걸림이 없으므로 두려움이 없어서, 뒤바뀐 헛된 생각을 멀리 떠나 완전한 열반에 들어가며, 삼세의 모든 부처님도 반야바라밀다를 의지하므로 최상의 깨달음을 얻느니라.

반야바라밀다는 가장 신비하고 밝은 주문

이며 위 없는 주문이며 무엇과도 견줄 수 없
는 주문이니, 온갖 괴로움을 없애고 진실하
여 허망하지 않음을 알지니라. 이제 반야바
라밀다주를 말하리라.

『아제아제 바라아제 바라승아제 모지 사바하』

(세 번)

육근참회서원문
六 根 懺 悔 誓 願 文

　대자대비(大慈大悲)하신 시방삼세(十方三世)의 삼보(三寶) 대성전(大聖前)에 저 ○○○는 다겁생래(多劫生來)에 지은 죄를 일심(一心)으로 고백하고 지극정성으로 참회(懺悔)하나이다.

　제가 다겁생(多劫生)을 좇아 금생금신(今生今身)에 이르기까지 세세생생(世世生生) 무량생(無量生)을 여섯 감각의 인연에 끄달려 빛(色)과 소리(聲), 냄새(香)와 맛(味), 촉감(觸)과 삿된법(邪法)에 탐착하여 온갖 죄악을 짓고 이 죄악을 지은 인연으로써 한량없는 생(生)을 오가며 항상 지옥, 아귀, 축생 등과 불법(佛法)이 없는 곳과, 그릇된 견해와 좋지 못한 몸 등의 과보(果報)를 받았으니, 오늘 이와 같은 죄업을 모두 고백하고 삼세 일체 모든 부처님과 보살님들의 바른 법(正法)에 귀의하나이다.

이제 오늘 거듭 몸과 마음으로 지은 죄를 참회하나니, 몸으로 지은 죄란 살생과 도둑질과 삿된 음행(淫行)을 행함이요, 마음으로 지은 죄란 시기와 미움과 질투와 탐냄 등의 온갖 선하지 못한 것을 생각하고 남을 원망하여 십악업(十惡業)과 오무간업(五無間業)을 지어 곳곳에 탐착함이 일체에 두루 미치고, 또 우리 여섯 감각 중에 여섯 감각기관의 업(業)이 가지가 되고, 꽃이 되고, 잎이 되어 삼계(三界) 이십오유(二十五有)의 일체 태어나는 곳에 채워 넘치고, 또한 점점 퍼져서 무명(無明), 늙음(老), 죽음(死) 등의 열두 가지 괴로운 일(十二因緣)과 여덟 가지 삿됨(八邪)과 여덟 가지 어려움(八難) 등을

겪지 않음이 없나니, 제가 이제 이와 같은
죄업을 지극한 마음으로 참회하나이다.

경전에서 이르신 모든 부처님께서는 항상
세간(世間)에 머무신다고 말씀하신 것을 비
록 믿고 있으나, 저의 업장(業障)이 두터운
까닭에 이제까지 부처님을 친견(親見)하지
못했나이다.

이제 삼세 일체 모든 부처님과 보살님의
바른 법에 귀의하옵나니, 오직 엎드려 바라
건대, 바르고 두루하게 모든 것을 아시는 석
가모니부처님께서는 저의 큰 스승이 되어주
소서!

크나큰 지혜를 갖추신 문수사리보살 마하
살님이시여, 원컨대 지혜로써 저에게 맑고
맑으며 지순하고 깨끗한 보살 마하살의 법을
가르쳐주소서!

비길 바 없는 큰 자비의 태양과 같은 미륵

보살 마하살님이시여, 저를 가없이 여기시어
저의 발원을 들으시고 저에게 보살 마하살의
법을 주시옵소서!

극락세계 아미타부처님과 시방삼세의 모든
부처님께서는 나투시어 저를 증명하시옵소서!

대자대비 관세음보살 마하살님이시여!

대세지보살 마하살님이시여!

대행 보현보살 마하살님이시여!

그리고 시방삼세의 모든 크나큰 보살 마하
살님들이시여!

저에게 맑고 맑으며 지순하고 오묘한 모든
보살 마하살의 법을 가르쳐 주시옵고 일체 모
든 중생들을 포근히 감싸주시고 품어주소서!

시방삼세의 모든 부처님과 보살 마하살님
들이시여!

제가 큰 가르침(大乘經典)을 받아 가지나
니 비록 목숨을 잃고 지옥에 떨어져서 한량

없는 고통을 받을지라도 결코 부처님의 큰 가르침을 훼방하지 않겠나이다.

이러한 인연공덕 까닭으로 바르고 두루하게 모든 것을 아시는 석가모니부처님께서는 저를 위하여 화상(和尙)이 되어주시고, 크나큰 지혜를 갖추신 문수사리보살 마하살님께서는 저를 위하여 아사리(阿闍梨)가 되어주시고, 미래에 오실 비길 바 없는 큰 자비를 행하시는 태양과 같은 미륵보살 마하살님께서는 저에게 큰 법을 가르쳐 주시고, 시방의 모든 부처님께서는 원컨대 저를 증명하시고, 크나큰 덕을 갖추신 일체의 모든 보살 마하살님들께서는 원컨대 제가 큰 깨달음을 이루는 날까지 반려자가 되어주소서!

이제 크나큰 가르침[大乘經典]의 깊고 오묘한 뜻에 의지하여,

불보(佛寶)에 귀의(歸依)합니다.

법보(法寶)에 귀의(歸依)합니다.

승보(僧寶)에 귀의(歸依)합니다.

제가 이제 오늘 보리심(菩提心)을 발하오니 이 인연 공덕으로 널리 일체 모든 중생들이 제도되어지기를 발원(發願)하나이다.

시방제불설 참회법
十 方 諸 佛 說 懺 悔 法

보살(菩薩)의 행할 바는 번뇌를 끊지 않되 또한 번뇌에 머물지 않으며, 마음을 관(觀)하되 마음이 없으며, 뒤바뀐 생각을 좇아 일어나며, 이와 같이 뒤바뀐 생각의 마음이 망령된 생각을 좇아 일어나나 허공 가운데의 바람과 같아서 의지할 곳이 없으며, 이와 같은 법(法)의 모습은 나지도 않고 없어지지도 않으니 무엇이 죄이며 무엇이 복이리요.

나의 마음이 스스로 비었으니 죄와 복이 주인이 없으며 일체의 모든 법도 또한 이와 같아서 머무름도 없고, 모든 법도 또한 이와 같아서 머무름도 없고 무너짐도 없느니라.

이와 같은 참회가 마음을 관(觀)하되 마음도 없는 법이며, 머무르지 않는 법 가운데에 모든 법이 풀리어 벗어날 것이며, 멸함이 없는 이치(眞理)이며, 고요하고 조용함이라.

이와 같이 생각하는 것을 이름하여 큰 참회이며, 이름하여 대장엄(大莊嚴) 참회라 하며, 이름하여 죄없는 형상의 참회라 하며, 이름하여 심식(心識)을 파괴하는 참회라 하느니라.

모든 죄는 자성(自性)이 없이 마음을 쫓아 일어나니, 마음이 만약 멸하면 죄 또한 없느니라.죄도 없고 마음도 멸하여 이 둘이 다 비었으면, 이것을 이름하여 참된 참회라 하느니라.

제자 ○○○은 오늘 오체투지(五體投地)하고 지극한 마음으로 서원(誓願)하여 받아 가지나이다.

예불대참회문
禮佛大懺悔文

1. 대자비로 중생들을 어여삐여겨
   대희대사 베푸시어 제도하시고
   수승하온 지혜덕상 장엄하시니
   저희들이 지심으로 귀의합니다. (1배)

2. 지심귀명례 금강상사
   至心歸命禮 金剛上師

3. 귀의불 귀의법 귀의승
   歸依佛 歸依法 歸依僧

4. 제가이제 발심하여 예배하옴은
   제스스로 복얻거나 천상에나며
   성문연각 보살지위 구함아니요
   오직오직 최상승을 의지하옵고
   아뇩다라삼보리심 냄이오이다

원합노니 시방세계 모든중생이

모두함께 무상보리 얻어지이다. (1배)

5. 지심귀명례 시방 진허공계 일체제불 (1배)
   至心歸命禮 十方 塵虛空界 一切諸佛

6. 지심귀명례 시방 진허공계 일체존법 (1배)
   至心歸命禮 十方 塵虛空界 一切尊法

7. 지심귀명례 시방 진허공계 일체현성승 (1배)
   至心歸命禮 十方 塵虛空界 一切鉉賢僧

8. 지심귀명례 여래 응공 정변지 명행족 선서
   至心歸命禮 如來 應供 正遍知 明行足 善逝

   세간해 무상사 조어장부 천인사 불 세존 (1배)
   世間解 無上士 調御丈夫 天人師 佛 世尊

9. 지심귀명례 보광불 (1배)
   至心歸命禮 普光佛

10. 지심귀명례 보명불
    至心歸命禮 普明佛

11. 지심귀명례 보정불
    至心歸命禮 普淨佛

12. 지심귀명례 다마라발전단향불
    至心歸命禮 多摩羅跋　檀香佛

13. 지심귀명례 전단광불
    至心歸命禮　檀光佛

14. 지심귀명례 마니당불
    至心歸命禮 摩尼幢佛

15. 지심귀명례 환희장마니보적불
    至心歸命禮 歡喜藏摩尼寶積佛

16. 지심귀명례 일체세간요견상대정진불
    至心歸命禮 一切世間樂見上大精進佛

17. 지심귀명례 마니당등광불
    至心歸命禮 摩尼幢燈光佛

18. 지심귀명례 혜거조불
    至心歸命禮 慧炬照佛

19. 지심귀명례 해덕광명불
    至心歸命禮 海德光明佛

20. 지심귀명례 금강뢰강보산금광불
    至心歸命禮 金剛牢强普散金光佛

21. 지심귀명례 대강정진용맹불
    至心歸命禮 大强精進勇猛佛

22. 지심귀명례 대비광불
    至心歸命禮 大悲光佛

23. 지심귀명례 자력왕불
    至心歸命禮 慈力王佛

24. 지심귀명례 자장불
    至心歸命禮 慈藏佛

25. 지심귀명례 전단굴장엄승불
    至心歸命禮 전檀窟莊嚴勝佛

26. 지심귀명례 현선수불
    至心歸命禮 賢善首佛

27. 지심귀명례 선의불
　　至心歸命禮 善意佛

28. 지심귀명례 광장엄왕불
　　至心歸命禮 廣莊嚴王佛

29. 지심귀명례 금화광불
　　至心歸命禮 金華光佛

30. 지심귀명례 보개조공자재력왕불
　　至心歸命禮 寶蓋照空自在力王佛

31. 지심귀명례 허공보화광불
　　至心歸命禮 虛空寶華光佛

32. 지심귀명례 유리장엄왕불
　　至心歸命禮 琉璃莊嚴王佛

33. 지심귀명례 보현색신광불
　　至心歸命禮 普現色身光佛

34. 지심귀명례 부동지광불
　　至心歸命禮 不動智光佛

35. 지심귀명례 항복중마왕불
至心歸命禮 降伏衆魔王佛

36. 지심귀명례 재광명불
至心歸命禮 才光明佛

37. 지심귀명례 지혜승불
至心歸命禮 智慧勝佛

38. 지심귀명례 미륵선광불
至心歸命禮 彌勒仙光佛

39. 지심귀명례 선적월음묘존지왕불
至心歸命禮 善寂月音妙尊智王佛

40. 지심귀명례 세정광불
至心歸命禮 世淨光佛

41. 지심귀명례 용종상존왕불
至心歸命禮 龍種上尊王佛

42. 지심귀명례 일월광불
至心歸命禮 日月光佛

43. 지심귀명례 일월주광불
    至心歸命禮 日月珠光佛

44. 지심귀명례 혜당승왕불
    至心歸命禮 慧幢勝王佛

45. 지심귀명례 사자후자재력왕불
    至心歸命禮 師子吼自在力王佛

46. 지심귀명례 묘음승불
    至心歸命禮 妙音勝佛

47. 지심귀명례 상광당불
    至心歸命禮 常光幢佛

48. 지심귀명례 관세등불
    至心歸命禮 觀世燈佛

49. 지심귀명례 혜위등왕불
    至心歸命禮 慧威燈王佛

50. 지심귀명례 법승왕불
    至心歸命禮 法勝王佛

51. 지심귀명례 수미광불
　　至心歸命禮 須彌光佛

52. 지심귀명례 수만나화광불
　　至心歸命禮 須曼那華光佛

53. 지심귀명례 우담발라화수승왕불
　　至心歸命禮 優曇鉢羅華殊勝王佛

54. 지심귀명례 대혜력왕불
　　至心歸命禮 大慧力王佛

55. 지심귀명례 아촉비환희광불
　　至心歸命禮 阿촉毘歡喜光佛

56. 지심귀명례 무량음성왕불
　　至心歸命禮 無量音聲王佛

57. 지심귀명례 재광불
　　至心歸命禮 才光佛

58. 지심귀명례 금해광불
　　至心歸命禮 金海光佛

59. 지심귀명례 산해혜자재통왕불
    至心歸命禮 山海慧自在通王佛

60. 지심귀명례 대통광불
    至心歸命禮 大通光佛

61. 지심귀명례 일체법상만왕불
    至心歸命禮 一切法常滿王佛

62. 지심귀명례 석가모니불
    至心歸命禮 釋迦牟尼佛

63. 지심귀명례 금강불괴불
    至心歸命禮 金剛不壞佛

64. 지심귀명례 보광불
    至心歸命禮 寶光佛

65. 지심귀명례 용존왕불
    至心歸命禮 龍尊王佛

66. 지심귀명례 정진군불
    至心歸命禮 精進軍佛

67. 지심귀명례 정진희불
    至心歸命禮 精進喜佛

68. 지심귀명례 보화불
    至心歸命禮 寶火佛

69. 지심귀명례 보월광불
    至心歸命禮 寶月光佛

70. 지심귀명례 현무우불
    至心歸命禮 現無愚佛

71. 지심귀명례 보월불
    至心歸命禮 普月佛

72. 지심귀명례 무구불
    至心歸命禮 無垢佛

73. 지심귀명례 이구불
    至心歸命禮 離垢佛

74. 지심귀명례 용시불
    至心歸命禮 勇施佛

75. 지심귀명례 청정불
　　至心歸命禮 淸淨佛

76. 지심귀명례 청정시불
　　至心歸命禮 淸淨施佛

77. 지심귀명례 사류나불
　　至心歸命禮 裟留那佛

78. 지심귀명례 수천불
　　至心歸命禮 水天佛

79. 지심귀명례 견덕불
　　至心歸命禮 堅德佛

80. 지심귀명례 전단공덕불
　　至心歸命禮 전檀功德佛

81. 지심귀명례 무량국광불
　　至心歸命禮 無量국光佛

82. 지심귀명례 광덕불
　　至心歸命禮 光德佛

83. 지심귀명례 무우덕불
    至心歸命禮 無憂德佛

84. 지심귀명례 나라연불
    至心歸命禮 那羅延佛

85. 지심귀명례 공덕화불
    至心歸命禮 功德華佛

86. 지심귀명례 연화광유희신통불
    至心歸命禮 蓮華光遊戲神通佛

87. 지심귀명례 재공덕불
    至心歸命禮 才功德佛

88. 지심귀명례 덕념불
    至心歸命禮 德念佛

89. 지심귀명례 선명칭공덕불
    至心歸命禮 善名稱功德佛

90. 지심귀명례 홍염제당왕불
    至心歸命禮 紅焰帝幢王佛

91. 지심귀명례 선유보공덕불
至心歸命禮 善遊步功德佛

92. 지심귀명례 투전승불
至心歸命禮 鬪戰勝佛

93. 지심귀명례 선유보불
至心歸命禮 善遊步佛

94. 지심귀명례 주잡장엄공덕불
至心歸命禮 周잡莊嚴功德佛

95. 지심귀명례 보화유보불
至心歸命禮 寶華遊步佛

96. 지심귀명례 보련화선주사라수왕불
至心歸命禮 寶蓮華善住娑羅樹王佛

97. 지심귀명례 법계장신아미타불
至心歸命禮 法界藏身阿彌陀佛

98. 모든세계 이와같은 제불세존은
어느때나 중생들과 함께하시니

저희들을 이제다시 살펴주소서
저희들의 지난날을 생각하오면
이생으로 저생으로 그먼생으로
시작없는 옛적부터 내려오면서
가지가지 지은죄가 한이없으니
제스스로 혼자서 짓기도하고
다른이를 시켜서 짓게도하며
남이하는 나쁜짓 좋아하였고
탑전이나 삼보도량 갖춘물건도
승물이나 사방승물 가림이없이
제것인양 함부로 갖기도하고
다른이를 시켜서 훔치었으며
상주물건 훔치기를 좋아하였고
무간지옥 떨어질 오역중죄도
제스스로 혼자서 짓기도하고
다른이를 시켜서 짓게도하며
남이짓는 오역죄 좋아하였고

삼악도에 떨어질 십악죄행도
제스스로 혼자서 짓기도하고
다른이를 시켜서 짓게도하며
남이짓는 십악업 좋아했으니
이와같은 모든죄가 태산같으되
어떤것은 지금에도 생각에남고
어떤것은 아득하여 알수없으나
알듯말듯 지은죄로 받는과보는
지옥아귀 축생도나 다른악취나
변지하천 멸려차로 떨어지리니
제가이제 지성다해 부처님전에
이와같이 지은죄를 참회합니다. (1배)

99. 이 자리를 함께하신 제불세존은
저희들의 온갖일을 다아시오니
대자비심 베푸시어 살펴주소서
제가다시 제불전에 아뢰옵니다

저희들의 지나온 모든중생에
보시공덕 지었거나 정계를갖되
축생에게 먹이한입 준일로부터
청정범행 닦고익힌 정행공덕과
중생들을 성취시킨 선근공덕도
무상보리 수행하온 수행공덕도
위없는 큰지혜의 모든공덕도
일체를 함께모아 요량하여서
남김없이 보리도에 회향하옵되
과거미래 현재의 부처님께서
지으신바 온갖공덕 회향하듯이
저도또한 그와같이 회향합니다
제가이제 모든죄상 참회하옵고
모든복덕 남김없이 수희하오며
부처님을 청하온 공덕으로써
무상지혜 이뤄지길 원하옵니다
과거미래 현재의 부처님들은

시방세계 다함없는 중생들에게
가없고 한량없는 공덕주시니
제가이제 목숨바쳐 절하옵니다. (1배)

100. 가이없는 시방세계 그가운데에
　　　과거현재 미래의 부처님들께
　　　맑고맑은 몸과말과 뜻을기울여
　　　빠짐없이 두루두루 예경하옵되
　　　보현보살 행원의 위신력으로
　　　널리일체 여래전에 몸을나투고
　　　한몸다시 찰진수효 몸을나투어
　　　찰진수불 빠짐없이 예경합니다(1배)

101. 일미진중 미진수효 부처님께서
　　　곳곳마다 많은보살 모이시었고
　　　무진법계 미진에도 또한그같이
　　　부처님이 충만하심 깊이믿으며

몸몸마다 한량없는 음성으로써
다함없는 묘한말씀 모두내어서
오는세상 일체겁이 다할때까지
부처님의 깊은공덕 찬탄합니다. (1배)

102. 아름답기 으뜸가는 여러꽃타래
좋은풍류 좋은향수 좋은일산들
이와같은 가장좋은 장엄구로서
시방삼세 부처님께 공양하오며
으뜸가는 좋은의복 좋은향들과
가루향과 꽂는향과 등과촛불을
낱낱이 수미산의 높이로모아
일체여래 빠짐없이 공양하오며
넓고크고 수승하온 이내슬기로
시방삼세 부처님을 깊이믿삽고
보현보살 행원력을 모두기울여
일체제불 빠짐없이 공양합니다. (1배)

103. 지난세상 제가지은 모든악업은
     무시이래 탐심진심 어리석음이
     몸과말과 뜻으로 지었음이라
     제가이제 남김없이 참회합니다. (1배)

104. 시방세계 여러종류 모든중생과
     성문연각 유학무학 여러성현과
     일체의 부처님과 모든보살의
     지니옵신 온갖공덕 기뻐합니다. (1배)

105. 시방세계 계시옵는 세간등불과
     가장처음 보리도를 이루신님께
     위없는 묘한법문 설하시기를
     제가이제 지성다해 권청합니다. (1배)

106. 부처님이 반열반에 들려하시면
     찰진겁을 이세상에 계시오면서

일체중생 행복하게 살펴주시길
있는지성 기울여서 권청하옵니다. (1배)

107. 부처님을 예찬하고 공양한복덕
오래계셔 법문하심 청하온공덕
기뻐하고 침회하온 온갖선근을
중생들과 보리도에 회향합니다. (1배)

108. 원합노니 수승하온 이공덕으로
위없는 진법계에 회향하오며
이치에도 사실에도 막힘이없고
불법이고 세간이고 걸림이없는
삼보님과 삼매인의 공덕바다를
제가이제 남김없이 회향하오니
모든중생 신구의로 지은업장을
잘못보고 트집잡고 비방도하고
아와법을 집착하여 망견을내던

모든업장 남김없이 소멸되어서
생각생각 큰지혜가 법계에퍼져
모든중생 빠짐없이 건져지이다
허공계가 다하고 중생다하고
중생업이 다하고 번뇌다함은
넓고크고 가없어 한량없으니
저희들의 회향도 이뤄지이다(1배)

「나무대행보현보살」 (3번)

이산혜연선사 발원문
怡 山 慧 然 禪 師　發 願 文

시방삼세	부처님과	팔만사천	큰법보와
보살성문	스님네께	지성귀의	하옵나니
자비하신	원력으로	굽어살펴	주옵소서
저희들이	참된성품	등지옵고	무명속에
뛰어들어	나고죽는	물결따라	빛과소리
물이들고	심술궂고	욕심내어	온갖번뇌
쌓았으며	보고듣고	맛봄으로	한량없는
죄를지어	잘못된길	갈팡질팡	생사고해
헤매면서	나와남을	집착하고	그른길만
찾아다녀	여러생에	지은업장	크고작은
많은허물	삼보전에	원력빌어	일심참회
하옵나니	바라건대	부처님이	이끄시고
보살님네	살피시어	고통바다	헤어나서

열반언덕　　가사이다　　이세상에　　명과복은
길이길이　　창성하고　　오는세상　　불법지혜
무럭무럭　　자라나서　　날적마다　　좋은국토
밝은스승　　만나오며　　바른신심　　굳게세워
아이로서　　출가하여　　귀와눈이　　총명하고
말과뜻이　　진실하며　　세상일에　　물안들고
청정범행　　닦고닦아　　서리같은　　엄한계율
털끝인들　　범하리까　　점잖은　　　거동으로
모든생명　　사랑하여　　이내목숨　　버리어도
지성으로　　보호하리　　삼재팔난　　만나잖고
불법인연　　구족하며　　반야지혜　　드러나고
보살마음　　견고하여　　제불정법　　잘배워서
대승진리　　깨달은뒤　　육바라밀　　행을닦아
아승지겁　　뛰어넘고　　곳곳마다　　설법으로
천겁만겁　　의심끊고　　마군중을　　항복받고
삼 보 를　　뵙사올제　　시방제불　　섬기는일

잠깐인들　　쉬오리까　　온갖법문　　다배워서
모두통달　　하옵거든　　복과지혜　　함께늘어
무량중생　　제도하며　　여섯가지　　신통얻고
무생법인　　이룬뒤에　　관음보살　　대자비로
시방법계　　다니면서　　보현보살　　행원으로
많은중생　　건지올제　　여러갈래　　몸을나눠
미묘법문　　연설하고　　지옥아귀　　나쁜곳엔
광명놓고　　신통보여　　내모양을　　보는이나
내이름을　　듣는이는　　보리마음　　모두내어
윤회고를　　벗어나되　　화탕지옥　　끓는물은
감로수로　　변해지고　　검수도산　　날쌘칼날
연꽃으로　　화하여서　　고통받던　　저중생들
극락세계　　왕생하며　　나는새와　　기는짐승
원수맺고　　빚진이들　　갖은고통　　벗어나서
좋은복락　　누려지다　　모진질병　　돌적에는
약풀되어　　치료하고　　흉년드는　　세상에는

쌀이되어	구제하되	여러중생	이익한일
한가진들	빼오리까	천겁만겁	내려오던
원수거나	친한이나	이 세 상	권속들도
누구누구	할것없이	얽히었던	애정끊고
삼계고해	뛰어나서	시방세계	중생들이
모두성불	하사이다	허공끝이	있사온들
이내소원	다하리까	유정들도	무정들도
일체종지	이루어지이다.		

의상조사 법성게
義 湘 祖 師 法 性 偈

법성원융무이상
法 性 圓 融 無 二 相

법의성품　원융하여
두모양이　본래없고

제법부동본래적
諸 法 不 動 本 來 寂

모든법이　동함없어
본래부터　고요해라

무명무상절일체
無 名 無 相 絶 一 切

이름모양　모두없어
온갖것이　끊겼으니

증지소지비여경
證 智 所 知 非 餘 境

깨달아야　알수있고
달리알수　없는경계

진성심심극미묘
眞 性 甚 深 極 微 妙

참된성품　심히깊고
지 극 히　미묘하여

불수자성수연성
不 守 自 性 隨 緣 成

자성만을　지키잖고
인연따라　이루우니

일중일체다중일
一 中 一 切 多 中 一

하나중에　일체있고
일체중에　하나있어

일즉일체다즉일
一 卽 一 切 多 卽 一

하 나 가　곧일체요
일 체 가　곧하나라

일미진중함시방
一 微 塵 中 含 十 方
한 티 끌 그가운데
시방세계 머금었고

일체진중역여시
一 切 塵 中 亦 如 是
일 체 의 티끌속도
다시또한 그러해라

무량원겁즉일념
無 量 遠 劫 卽 一 念
한이없이 아 득 한
무량겁이 일념이요

일념즉시무량겁
一 念 卽 是 無 量 劫
한생각의 짧은시간
한이없는 겁이여라

구세십세호상즉
九 世 十 世 互 相 卽
구 세 도 십 세 도
함께서로 하나되어

잉불잡란격별성
仍 不 雜 亂 隔 別 成
얽혀잡난 한듯하나
따로따로 이루었네

초발심시변정각
初 發 心 時 便 正 覺
처음발심 하던때가
깨달음을 이룬때요

생사열반상공화
生 死 涅 槃 相 共 和
생사열반 두경계가
서로같은 바탕일세

이사명연무분별
理 事 冥 然 無 分 別
이와사가 아득하여
분별할길 없는것이

십불보현대인경
十 佛 普 賢 大 人 境
열분부처 보현보살
큰사람의 경계니라

능인해인삼매중
能 仁 海 印 三 昧 中

해인삼매 그속에다
온갖것을 갈무리고

번출여의부사의
繁 出 如 意 不 思 議

불 사 의 공덕장엄
마음대로 드러내어

우보익생만허공
雨 寶 益 生 滿 虛 空

감로비로 허공가득
일체중생 이익주네

중생수기득이익
衆 生 隨 器 得 利 益

중생들의 그릇따라
온갖이익 얻게되니

시고행자환본제
是 故 行 者 還 本 際

수행자여 돌아가세
진 리 의 고향으로

파식망상필부득
叵 息 忘 想 必 不 得

망 상 을 쉬지않곤
얻을것이 바이없네

무연선교착여의
無 緣 善 巧 捉 如 意

인연없는 방편지어
마음대로 잡아쓰니

귀가수분득자량
歸 家 隨 分 得 資 糧

고향집에 돌아가서
그릇따라 양식얻어

이다라니무진보
以 陀 羅 尼 無 盡 寶

다라니의 무진법문
끝이없는 보배로써

장엄법계실보전
莊 嚴 法 界 實 寶 殿

온법계를 장엄하여
극락보전 이루우고

궁좌실제중도상
窮 坐 實 際 中 道 床

다함없는　참된법의
중도상에　편히앉아

구래부동명위불
舊 來 不 動 名 爲 佛

영겁토록　동함없는
그이름이　부처라네

제3장
일상 수행편

불설예수시왕생칠경 / 무상법문

무상계 / 별회심곡 / 보왕삼매론

마음을 다스리는 법 / 스님노릇하는 법

예수시왕생칠경
預 修 十 王 生 七 經

[讚曰]

여래께서	교화다해	열반언덕	가실때에
천신들과	지신들을	두루두루	불러모아
염마에게	수기하고	그내력을	설하시고
일곱차례	미리닦는	그법칙을	전하시네

[經典]

총지제일	아난다는	이와같이	들었노라
어느때에	우리스승	서가모니	부처님이
구시나성	아유발제	맑은강변	우뚝솟은
사라쌍수	아래에서	중생교화	마치시고

대열반에	드실때에	온몸으로	빛을놓아
거룩하신	부처님의	무여열반	보기위해

함께모인 대중들과 모든보살 마하살을
하나하나 남김없이 두루두루 비추시니

천룡들과 신왕들과 천왕들과 제석이며
동방으로 지국천왕 남방으로 증장천왕
서방으로 광목천왕 북방으로 다문천왕
대범천왕 아수라왕 큰나라의 여러국왕

염라천자 태산부군 사명관과 사록관과
오도대신 지옥관전 모두모두 모여들어
부처님께 예경하고 일어서서 합장하고
부처님의 크신법문 학수고대 하고있네

[讚曰]
부처님의 높은광명 온우주에 가득하니
용과귀신 인간하늘 구름처럼 모여들고
제석이며 범왕이며 지옥천자 명부중이
부처님전 머리숙여 모두함께 예올리네

[經典]

거룩하신   우리스승   서가모니   부처님이
셀수없는   대중에게   금구로써   설하시되
그대들은   알지니라   이법회의   염라천자
다가오는   미래세상   필경에는   성불하여

보 현 왕   여래로서   십호모두   갖추리니
여래시며   응공이며   정변지며   명행족에
선서시며   세간해며   무상사며   조어장부
천인사며   부처세존   이와같은   이름이라

그여래가   머물국토   화엄이라   할것이니
아름다운   연꽃들이   누리가득   피어있고
갖가지의   보배로써   찬란하게   장엄되어
너무나도   깨끗하매   그와같이   부르리라

또한다시   염라천자   미래부처   보현왕이
상주하는   화엄국토   장엄스런   그나라는

누구든지   그스스로   자기마음   닦으면서
중생들을   교화하는   보살들로   가득하리

[讚曰]
세존께서   법회열어   염라왕을   수기하네
머지않아   오는세상   어김없이   성불하면
그나라는   깨끗하며   보배로써   장엄되고
모든보살   수행하여   깨친보살   가득하리

[經典]
바로이때   부처님의   다문제자   아난다가
자리에서   일어나서   두손모아   합장하고
공경하는   마음으로   부처님께   여쭈옵되
거룩하신   세존이여   말씀하여   주옵소서

염라천자   저대왕은   지옥중생   처단하다
그어떠한   까닭으로   이법회에   참석하여

머지않아　　필경에는　　성불하게　　되리라는
그와같이　　성스러운　　수기까지　　받나이까

거룩하신　　부처님이　　아난에게　　답하시되
아난다여　　잘들으라　　그대위해　　설하리라
저승세계　　염라왕은　　왕으로서　　군림함에
두가지가　　있음이니　　어떤것이　　두가진가

첫째로는　　아난다여　　부동지란　　보살께서
부사의한　　해탈경지　　언제든지　　머무시며
매우심한　　고통속에　　허덕이는　　중생들을
다만오직　　건지려는　　그와같은　　자비로써

자청하여　　염마천등　　왕이되는　　경우이고
둘째로는　　아난다여　　자세하게　　들어보라
염라천자　　저대왕은　　여러생을　　거듭하여
끊임없이　　선을쌓고　　행을닦아　　왔건마는

부처님계　범한죄로　염마천중　떨어져서
죄인들을　다스리는　대마왕이　되었으니
염라천자　대마왕은　모든귀신　거느리고
사바세계　사천하중　남섬부주　다니면서

십악죄와　다시다못　오역죄를　범한자를
이끌어다　벌을주고　가막소에　감금하고
밤낮없이　언제든지　고통받게　하느니라
염라천자　대마왕은　이승에의　죄인들이

극심한고　겪어가며　죄값모두　갚기까지
죄인들로　계속해서　고통스런　그지옥을
이리저리　갈마들며　업보신이　다하도록
태어나고　죽어감을　반복하게　하느니라

이제여기　염마천자　지옥세계　갈마들며
죄인들을　다스리며　그의할일　하는중에

계율범한 죄가다해 그인연이 성숙하고
높은단계 이르러서 내가이제 수기하되

다가오는 미래세에 연꽃이며 보배들로
가꾸어진 국토에서 끝내성불 하리라고
이와같이 한것이니 나의말에 행여라도
여기모인 대중들은 의심하지 말지니라

[讚曰]
크신자비 넓은교화 위신력을 보이면서
여섯갈래 험한세상 쉼이없이 윤회하며
고통없는 안락의길 자상하게 가르치니
이런일로 그모습이 염라천자 아니던가

[經典]
누구든지 이경전을 인출하고 받들면서
베껴쓰고 읽고외며 남을위해 설해주면

그는이런   공덕으로   그생명이   다한뒤에
삼악도에   빠지잖고   지옥들지   않으리라

[讚曰]
누구든지   무한광대   부사의법   굳게믿고
이경전을   베껴쓰고   뜻을알아   지닌다면
이목숨이   다할때에   삼악도를   뛰어넘고
이육신은   언제라도   아비지옥   면하리다

[經典]
이세상을   살아가는   한량없는   시간속에
아버지를   시해하고   어머니를   해치거나
재계법을   더럽히고   부처님계   파하거나
가축들을   살해하고   곤충들을   죽이거나

그밖에도   가지가지   무거운죄   짓는다면
오는세상   필경에는   아비지옥   들어가서

열겁에서 쉰겁까지 한량없는 긴시간을
상상할수 없는고통 면할수가 없으리라

그렇지만 아난다여 이와같은 경우라도
예수시왕 생칠경을 읽고외고 베끼거나
시왕상을 조성하여 지성으로 참회하며
염라왕궁 업경대에 그기록이 남는다면

저승세계 염라왕이 업경대의 기록보고
환희심을 일으키어 그죄인을 풀어주어
부잣집에 태어나서 온갖복락 다누리고
그가지은 죄악마져 사면토록 해주리라

[讚曰]
재와계율 더럽히고 가축들을 죽인다면
업경대는 분명하여 그죄상을 못면해도
시왕경과 존상모셔 지극정성 참회하면
염라대왕 판단하여 그죄악을 사면하네

[經典]

아난다여	만일또한	선남자와	선여인과
혹은비구	비구니와	청신사와	청신녀로
살아생전	이승에서	예수시왕	생칠재를
미리미리	힘을다해	정성스레	닦아가되
매달음력	초하루와	보름날에	두번걸쳐
거룩하신	삼보전에	지성으로	공양하라
첫번째로	진광대왕	두번째로	초강대왕
세번째로	송제대왕	네번째로	오관대왕
다섯째로	염라대왕	여섯째로	변성대왕
일곱째로	태산대왕	여덟째로	평등대왕
아홉째로	도시대왕	열째오도	전륜대왕
시왕단을	설치하고	기도하고	축원하되
주소생년	이름적은	축원장을	작성하여
판관들과	귀왕들과	장군들과	동자들과

사자들과　관전등에　지성으로　고축하면
선업기록　관리하는　명부세계　선업동자

천조관과　지부관에　이내용을　보고하고
재자이름　저승세계　명부안에　기록하니
예수시왕　생칠재를　미리닦은　공덕으로
이세상을　하직할때　쾌락한곳　태어나리

사십구일　칠재동안　중음신에　머무잖아
아들딸과　남녀친족　모두함께　모여들어
좋은곳에　태어나길　지성으로　발원하는
기도불사　그마저도　기다리지　않느니라

이세상의　사람목숨　시왕전에　매어있어
그생명이　다한뒤엔　시왕모두　거치나니
한분한분　한재한재　빠뜨릴수　없느니라
예수시왕　생칠재중　만일한재　빠뜨리면

빠진왕에　억류되어　계속되는　고통속에
새로운몸　받을생각　전혀하지　못한채로
백일간을　지체하고　일년간을　지체하고
삼년동안　지체하여　떠돌이로　머무리라

그러므로　아난다여　내가이제　이르노니
너희들은　이와같이　예수시왕　생칠재를
부지런히　닦고익혀　서방정토　극락세계
상품상에　왕생하길　지성으로　기도하라

[讚曰]
사부대중　닦는칠재　정한때에　시행하라
한달두번　공양함은　늘상하는　의식이니
한때라도　빠뜨리면　그공덕이　작아져서
중음신도　못피한채　명부추달　냉엄하리

[經典]

바로이때	대원본존	지장보살	비롯하여
화엄종조	용수보살	구고구난	관음보살
상비보살	다라니와	금강장등	보살들이
각기그들	근본도의	광명으로	현신하여

부처님이	계신곳에	모두모두	모여와서
공경하는	마음으로	두손모아	합장하고
정중하게	예를갖춰	이구동성	찬탄하되
거룩하신	분이시여	저희본사	세존께선

크나크신	사랑으로	중생들을	사랑하사
이와같이	미묘한법	고구정녕	설하시어
정처없이	돌고도는	무주고혼	건지시며
살아있는	중생들을	모두구제	하십니다

[讚曰]

발과가슴　입과눈썹　온몸으로　예올리며
육광보살　깊은자비　아낌없이　쏟아내어
같은마음　한소리로　부처님을　찬탄하니
수고로운　중생들은　피곤잊고　경청하네

[經典]

또한이때　이십팔중　일체모든　옥주들과
염라천자　육도명관　하고많은　호법신이
거룩하신　부처님과　육광보살　마하살께
한결같은　마음으로　예를갖춰　발원하되

만약비구　비구니와　청신사와　청신녀로
누구라도　이와같이　예수시왕　생칠경을
베껴쓰고　공경하고　이웃에게　전해주고
사구게송　하나라도　정성다해　독송하면

부처님법　　보호하는　　저희모두　　힘을합쳐
그사람의　　모든고초　　완전하게　　없애주고
지옥고통　　벗어나서　　천상계에　　왕생토록
다른일들　　젖혀두고　　지체없이　　도우리다

그리하여　　그들재자　　하룻밤의　　고통마져
더는받지　　아니하게　　더욱더욱　　힘쓰리니
거룩하신　　부처님과　　육광보살　　마하살은
저희들의　　이원력을　　증명하여　　주옵소서

[讚曰]

육도명관　　염라천자　　굳은맹세　　발원으로
모든부처　　펴신경전　　예올리며　　찬양하네
사부대중　　어느누가　　한게송만　　읊더라도
지옥에서　　내보내어　　천상세계　　나게하리

[經典]

염라천자	게송으로	부처님께	아뢰기를
중생죄업	괴로움이	너무나도	많고많아
육도윤회	정한모습	어디에도	없삽기에
물결처럼	이리저리	헤매이고	있나이다

[讚曰]

염라왕이	게송으로	부처님께	아뢰기를
하고많은	중생죄업	가련하고	슬프도다
험한육도	헤매임도	정한모습	아예없어
넓은바다	물결마냥	이리나고	저리죽네

[經典]

거룩하신	부처님의	지혜바람	얻는다면
넓고깊은	부처님법	강과하천	불어넣어
지혜광명	비친세계	고루고루	살펴보며
진진찰찰	세계마다	빠짐없이	편력하리

중생죄업　　괴로움을　　남김없이　　건져주고
마구니의　　못된소행　　일체모두　　항복받아
사대천왕　　사대주를　　어디든지　　순행하며
부처님의　　이경전이　　전해지게　　하오리다

[讚曰]
원하오니　　여래께서　　지혜바람　　드날리어
법륜바다　　불어넣어　　중생고뇌　　씻어주고
호세사왕　　세존따라　　같은발원　　굳게세워
부처님의　　바른경전　　변함없이　　전해주오

[經典]
어리석은　　범부들은　　착한힘이　　모자라서
삿된법만　　따르면서　　믿고또한　　허덕이니
이경전을　　지니므로　　지옥고를　　면케되고
이경전을　　베껴써서　　고질병을　　소멸하면

삼계고해　여러액난　거침없이　뛰어넘어
영원토록　야차나찰　추달받지　아니하고
다음생에　태어날때　높은지위　군림하며
부귀수명　온갖낙을　함께누려　편안하리

[讚曰]
악업지은　사람들은　착한힘이　모자라서
삿된법을　많이믿어　아비지옥　바로가네
부귀영화　수명장원　오래오래　누리려면
이경문을　베껴쓰고　바로듣고　독송하오

[經典]
예수시왕　생칠경을　지성으로　독송하면
천왕님은　이들공덕　빠짐없이　기록하네
다겁생래　쌓인죄업　말끔하게　없애려면
산목숨을　죽여가며　신들에게　제사말라

살생죄로   지옥길을   바로간다   할지라도
이경전에   예올리고   염불하고   힘쓴다면
날카로운   금강도를   잡은듯이   당당하여
마구니의   무리들이   겁을먹고   물러가네

[讚曰]

죄와고뇌   삼악도는   업력쉽게   이뤄지니
산목숨을   마구죽여   신들에게   빌지말라
날카로운   금강보검   자유롭게   부리면서
마군중을   몰아내고   무생법인   깨치시오

[經典]

자비하신   부처님은   평등심을   베풀지만
어리석은   중생들은   차별심만   채우도다
복닦음은   먼지마냥   너무나도   미미한데
지은죄는   태산처럼   육중하기   그지없네

오래살기 바란다면 이경전을 베껴쓰라
한량없는 지옥고를 순식간에 벗어나와
다복하고 부유하며 귀한가문 태어나서
언제든지 선신들이 지켜주고 돌보리라

[讚曰]

태산같은 죄와업장 모래처럼 쌓여있고
털끝같은 복과덕은 먼지처럼 미약하니
선신들이 바로살펴 돌봐주고 수호하면
신심많은 부귀가에 시나브로 태어나리

[經典]

이경전을 찍어내어 지성으로 독송하면
정한목숨 이미다해 이세상을 떠날적에
천왕들은 이사람을 바른길로 인도하고
보살들은 이사람을 꽃을뿌려 맞이하네

그리하여　마음대로　극락정토　왕생하면
팔백억천　무수겁을　두고두고　염불하다
오랫동안　닦고행한　공덕으로　성불하여
금강삼매　높은성을　한번뛰어　들어가리

[讚曰]

부처님을　모셔놓고　경을베껴　지닌다면
이사람이　죽을때에　보살들의　영접받고
극락정토　수행공덕　원만하게　이뤄지면
오는세상　바로깨쳐　금강삼매　얻으리라

[經典]

바로이때　부처님이　아난다를　비롯하여
일체용신　팔부신장　모든대신　염라천자
태산부군　사명사록　오도대신　지옥관등
행도천왕　청중들을　돌아보며　설하시되

너희들은 　모름지기 　자비심을 　일으켜서
한량없는 　죄인들을 　사랑으로 　보살피되
교만하고 　어리석고 　모자람이 　있더라도
언제거나 　어디서나 　너그럽게 　용서하라

효성있고 　자애로운 　신남신녀 　불자들은
재와계를 　닦아가고 　복과덕을 　쌓아가되
돌아가신 　분을위해 　천도재를 　지내드려
낳은은혜 　기른은혜 　남김없이 　갚게하고

사십구재 　백일재와 　시왕재를 　시설하고
시왕상을 　조성하여 　부모은공 　보답하면
먼저가신 　선망부모 　선망조상 　영혼들이
필경에는 　하늘나라 　태어나게 　될것이라

[讚曰]

부처님이	염라왕등	신들에게	알리시네
중생죄업	너무많아	말로하기	어려웁고
염라대왕	은공으로	복지음이	용이한즉
가르침에	힙입어서	고해바다	건너가네

[經典]

염라천자	대법왕이	자리에서	일어난뒤
공손하게	예를갖춰	부처님께	아뢰기를
거룩하신	세존이여	어느누구	할것없이
이자리에	동석하온	저희모든	시왕들은

검은옷을	걸쳐입고	검은기를	손에들고
검은말탄	사자들을	망자집에	보내어서
살아생전	무슨공덕	그얼마나	지었는지
그이름을	확인하고	사실들을	조사하여

도첩따라　죄인들을　하나하나　가리어서
데려올자　데려오고　놓아줄자　놓아주어
공평무사　처리하되　억울한자　없게하여
추호라도　본래서원　어김없게　하오리다

[讚曰]

염라제왕　사자보내　죽은사람　찾아가서
무슨공덕　지었는지　그까닭을　조사하여
좋은공덕　이름따라　삼도지옥　벗겨주고
명간시왕　엄한추달　쓴고통을　면해주네

[經典]

사후첫째　칠일간은　진광왕이　담당하고
두번째로　칠일간은　초강왕이　담당하고
세번째로　칠일간은　송제왕이　담당하고
네번째로　칠일간은　오관왕이　담당하고

다섯째로   칠일간은   염라왕이   담당하고
여섯째로   칠일간은   변성왕이   담당하고
일곱째로   칠일간은   태산왕이   담당하고
여덟째로   백일간은   평등왕이   담당하고

아홉째로   일년간은   도시왕이   담당하고
삼년간은   열째오도   전륜왕의   담당으로
이와같이   칠칠재와   백재일년   삼년상을
열시왕이   돌아가며   담당하고   있나이다

[讚曰]
죽은사람   첫째칠일   중음받아   떠돌적에
몰이장군   무리지어   먼지처럼   밀려오고
진광왕이   심문하여   재계점검   하다보니
이로인해   칠일동안   저승나루   못나오네

죽은사람　둘째칠일　저승나루　건널적에
천만무리　앞다투어　강나루에　북적대네
인도하는　우두나찰　몽둥이를　어깨메고
재촉하는　귀신군졸　쇠사슬로　얽어매네

죽은사람　셋째칠일　두려움에　휩싸여서
저승길이　멀고험함　그제서야　아는구나
죄인이름　낱낱불러　있는곳을　확인하고
무리무리　몰아부쳐　오관왕에　보내지네

오관대왕　업의저울　허공중에　높이달고
좌우동자　업기록을　완벽하게　지녔으니
죄의경중　분명해라　애원한들　통할손가
저울눈금　오르내림　지은대로　받으리라

다섯칠일　염라전에　다툼소리　끊어지고
탄식하는　죄인들은　몸과마음　오싹하여

고개들고　위를향해　업경대를　바라보니
지난세상　지은죄업　티끌인들　피할손가

죽은사람　여섯칠일　명도옥에　갇히어서
쫓기듯이　앉은사람　고집불통　어리석네
매일매일　교시받아　공덕력을　보고나니
지옥천상　마음따라　잠깐사이　있는것을

일곱칠일　명도지옥　흑암절벽　중음신은
부르나니　부모형제　이내몸을　구해주오
아직까지　복업공덕　결정되지　않았으니
무슨복업　지었는지　친족남녀　살펴지네

죽은사람　백일동안　두려움에　사로잡혀
형틀묶여　채찍맞아　상처자국　낭자해라
친족남녀　애를써서　복업공덕　쌓아주면
그로인해　묘하게도　천상세계　보이도다

일년동안   여기살며   심한고통   덜어짐은
친족남녀   재계닦아   복덕인연   심음일세
아직까지   육도윤회   뛰어나지   못했으니
경전불상   조성하여   저승나루   벗어나오

삼년세월   보낸뒤에   나갈나루   열리리니
좋고싫음   상대차별   복업인연   달렸도다
나쁜행위   저지름은   천일동안   근심이며
태중에선   살았으나   태어나자   죽는구나

[經典]

거룩하신   세존이여   저희들은   이와같이
열번의재   빠짐없이   지낸자를   위하여서
열가지의   악한중죄   한결같이   사면하고
천상계에   왕생토록   모두풀어   주오리다

[讚曰]

한몸뚱이	육도윤회	한량없는	고통이요
십악중죄	삼도지옥	변함없이	돌고도네
부지런히	재를닦아	공덕인연	갖춘다면
모래처럼	많은죄업	어느새에	사라지리

[經典]

세존이여	제가이제	굳게서원	하옵나니
사대야차	왕들에게	이경전을	수호하여
영원토록	없어지는	일이없게	하오리니
저희들의	이마음을	증명하여	주옵소서

[讚曰]

염라대왕	호법원력	굳게세워	선양하네
인간천상	모인도량	널리널리	알리기를
나는이제	야차왕께	이경전을	수호시켜
오랜세월	흘러가도	중단없이	전하리라

[經典]

이와같이　　아뢴뒤에　　수기받은　　염라법왕
부처님께　　다시한번　　공손하게　　예지으니
법회대중　　살피시며　　부처님이　　말씀하되
그대들은　　잘들으라　　지옥에든　　죄인들은

소중하게　　지켜야할　　맑고맑은　　삼보정재
사사로이　　가져다가　　남용함이　　바탕되어
아비규환　　지옥에서　　죄의댓가　　치름이니
신심있는　　불자들은　　스스로를　　경계하고

삼보재물　　중히여겨　　남용하지　　말지니라
죄의결과　　크고커서　　용서받기　　어려우니
이경전을　　보는자는　　재와계율　　닦아가며
올바른법　　품받아서　　배우도록　　할지니라

[讚曰]

인간천상　누구라도　편안하게　살려거든
삼보재물　중히여겨　부질없이　남용말라
삼보정재　남용한죄　명간지옥　떨어지면
아비규환　고통소리　해가는줄　모르리라

[經典]

부처님의　말씀듣고　염마법왕　기뻐하며
거룩하신　부처님의　발아래에　꿇어앉아
두손모아　합장하고　계수하고　예올리고
한녘으로　물러나와　자리잡고　앉느니라

바로이때　부처님이　금구열어　말씀하되
염　라　왕　수기사중　예수생칠왕생정토경이
이경전의　이름이니　나라마다　유통시켜
정법대로　봉행하되　어긋나지　말지니라

[讚曰]

염라대왕	물러앉아	일심으로	경청하니
부처님은	은근하게	이경유통	부촉하네
예수생칠	이경이름	마음속에	간직하여
염라왕과	사부대중	나라마다	전파하라

[經典]

듣고있던	염마법왕	부처님전	서원하되
거룩하신	분이시여	세존께서	말씀하신
불설염라	수기사중	예수생칠	정토경을
인연있는	분들에게	널리널리	권하옵고

미리닦는	공덕으로	믿는마음	일으켜서
거룩하신	부처님과	삼보전에	귀의하고
영원토록	삼계윤회	벗어나기	원하오니
이와같은	저의서원	꺾지아니	하오리다

허망한몸　위태롭기　바람앞의　등불이요
밤과낮이　오며가며　생명줄을　갉아대니
고통바다　건네주는　배와다리　준비없이
그무엇을　의지하여　극락정토　왕생하랴

부처님께　귀의하여　마음부터　닦을지니
마음닦음　버려두고　다른방법　전혀없네
사흘동안　닦은마음　천년만년　보물이나
백년동안　탐한재물　하루아침　티끌이라

[讚曰]
어리석은　사람들은　배와다리　조성않고
험한바다　만나서는　두려움만　가득하네
백년동안　꿈속살이　무상함을　알았다면
재계닦고　법듣기를　잠시라도　지체말라

　　　　　　　　　　　　　　　　　(終)

무상법문
無 常 法 文

영가시여	저희들이	일심으로	염불하니
무명업장	소멸하고	반야지혜	드러내어
생사고해	벗어나서	해탈열반	성취하사
극락왕생	하옵시고	모두성불	하옵소서
사대육신	허망하여	결국에는	사라지니
이육신에	집착말고	참된도리	깨달으면
모든고통	벗어나고	부처님을	친견하리
살아생전	애착하던	사대육신	무엇인고
한순간에	숨거두니	주인없는	목석일세
인연따라	모인것은	인연따라	흩어지니
태어남도	인연이요	돌아감도	인연인걸
그무엇을	애착하고	그무엇을	슬퍼하랴
몸뚱이를	가진자는	그림자가	따르듯이

일생동안	살다보면	죄없다고	말못하리
죄의실체	본래없어	마음따라	생기나니
마음씀이	없어질때	죄업역시	사라지네
죄란생각	없어지고	마음또한	텅비워서
무념처에	도달하면	참회했다	말하리라
한마음이	청정하면	온세계가	청정하니
모든업장	참회하여	청정으로	돌아가면
영가님이	가시는길	광명으로	가득하리
가시는길	천리만리	극락정토	어디인가
번뇌망상	없어진곳	그자리가	극락이니
삼독심을	버리고서	부처님께	귀의하면
무명업장	벗어나서	극락세계	왕생하리
제 행 은	무상이요	생 자 는	필멸이라
태어났다	죽는것은	모든생명	이치이니
임금으로	태어나서	온천하를	호령해도
결국에는	죽는것을	영가님은	모르는가

영가시여　어디에서　이세상에　오셨다가
가신다니　가시는곳　어디인줄　아시는가
태어났다　죽는것은　중생계의　흐름이라
이곳에서　가시면은　저세상에　태어나니
오는듯이　가시옵고　가는듯이　오신다면
이육신의　마지막을　걱정할것　없잖은가
일가친척　많이있고　부귀영화　높았어도
죽는길엔　누구하나　힘이되지　못한다네
맺고쌓은　모든감정　가시는길　짐되오니
염불하는　인연으로　남김없이　놓으소서
미웠던일　용서하고　탐욕심을　버려야만
청정하신　마음으로　불국정토　가시리라
삿된마음　멀리하고　미혹함을　벗어나야
반야지혜　이루시고　극락왕생　하오리다
본마음은　고요하여　옛과지금　없다하니
태어남은　무엇이고　돌아감은　무엇인가

부처님이 관밖으로 양쪽발을 보이셨고
달마대사 총령으로 짚신한짝 갖고갔네
이와같은 높은도리 영가님이 깨달으면
생과사를 넘었거늘 그무엇을 슬퍼하랴
뜬구름이 모였다가 흩어짐이 인연이듯
중생들의 생과사도 인연따라 나타나니
좋은인연 간직하고 나쁜인연 버리시면
이다음에 태어날때 좋은인연 만나리라
사대육신 흩어지고 업식만을 가져가니
탐욕심을 버리시고 미움또한 거두시며
사견마저 버리시어 청정해진 마음으로
부처님의 품에안겨 극락왕생 하옵소서
돌고도는 생사윤회 자기업을 따르오니
오고감을 슬퍼말고 환희로써 발심하여
무명업장 밝히시면 무거운짐 모두벗고
삼악도를 뛰어넘어 극락세계 가오리다

이세상에　처음올때　영가님은　누구셨고
사바일생　마치시고　가시는이　누구신가
물이얼어　얼음되고　얼음녹아　물이되듯
이세상의　삶과죽음　물과얼음　같으오니
육친으로　맺은정을　가벼웁게　거두시고
청정해진　업식으로　극락왕생　하옵소서
영가시여　사바일생　다마치는　임종시에
지은죄업　남김없이　부처님께　참회하고
한순간도　잊지않고　부처님을　생각하면
가고오는　곳곳마다　그대로가　극락이니
첩첩쌓인　푸른산은　부처님의　도량이요
맑은하늘　흰구름은　부처님의　발자취며
뭇생명의　노래소리　부처님의　설법이고
대자연의　고요함은　부처님의　마음이니
불심으로　바라보면　온세상이　불국토요
범부들의　마음에는　불국토가　사바로다

애착하던	사바일생	하룻밤의	꿈과같고
나다너다	모든분별	본래부터	공이거니
빈손으로	오셨다가	빈손으로	가시거늘
그무엇에	얽매여서	극락왕생	못하시나
지옥세계	무너지고	맺은원결	풀어지며
아미타불	극락세계	상품상생	하옵소서

아미타불 본심미묘진언
『다냐타 옴 아리다라 사바하』(세 번)

관세음보살 멸업장진언
『옴 아로륵계 사바하』(세 번)

지장보살 멸정업진언
『옴 바라 마니다니 사바하』(세 번)

불설 왕생정토주
『나무 아비다바야 다타아다야 다지야타
아미리도바비 아미리다 싯담바비 아미리
다 비가란제 아미리다 비가란다 가미니
가가나 깃다가래 사바하』(세 번)

대광명진언

『옴 아모카 바이로차나 마하무드라 마니
파드마 즈바라 프라바를타야 훔』(세 번)

대방광불 화엄경

『약인욕요지 삼세일체불
응관법계성 일체유심조』(세 번)

파지옥진언

『옴 가라지야 사바하』(세 번)

해원결진언

『옴 삼다라 가닥 사바하』(세 번)

상품상생진언

『옴 마니다니 훔훔 바탁 사바하』(세 번)

저희들이   지성으로   합장하고   머리숙여
부처님께   원하오니   대자비를   내리시어
금일영가   극락왕생   하시도록   굽어살펴
주옵소서.

나무 서방정토 극락세계 대자대비 아미타불

무상계
無 常 戒

무상계는 열반(涅槃)에 들어가는 요긴한 문이고 고해(苦海)를 건너가는 자비의 배이니라. 부처님께서도 이 계를 의지하사 열반을 성취하셨고, 중생도 이 계를 의지하여야 고해를 벗어날 수 있기 때문이니라.

영가여, 이제 그대는 여섯 가지 감각기관과 여섯 가지 경계를 벗어나서 신령한 알음알이가 뚜렷이 드러났고 부처님의 위대한 계를 받게 되었으니 이 얼마나 다행한 일인가.

영가여, 수미산과 큰 바다도 다 말라 없어지는 것인데 이 작은 몸뚱이가 늙고 병들고 죽고 고뇌하는 생사법(生死法)을 벗어날 수 있겠는가.

영가여, 그대의 머리털과 손톱 · 발톱 · 뼈

·이·가죽·살·힘줄·해골·때 같은 것은 다 흙[地]으로 돌아가고, 침·콧물·고름· 피·진액·가래·눈물·오줌 같은 것들은 다 물[水]로 변하고, 더운 기운은 불[火]로 돌아가며, 움직이는 기운은 바람[風]으로 변하여 네 가지 요소가 다 각각 흐트러지는 것인데 오늘날 영가의 죽은 몸뚱이가 어디 있겠는가.

이 몸뚱이는 네 가지 요소[四大]로 된 거짓되고 헛된 것이니 아낄 것이 못 되느니라.

그대가 끝없는 옛날부터 오늘날까지 어리석은 무명(無明)으로 말미암아 선악의 행업[行]을 지었고, 이 행업은 세상에 태어나려는 일념인 식(識)을, 이 일념의 의식작용이 태중의 정신과 물질인 명색(名色)을, 명색은 여섯 가지 감각기관인 육입(六入)을, 육입은

감촉[觸]을, 감촉은 지각 작용인 수(受)를,
수는 집착하는 애욕[愛]을, 애욕은 탐취심인
취(取)를, 탐취심은 다시 내세의 과가 되는
여러 가지 업인 유(有)를 짓고, 유는 다시 미
래에 태어나는 생(生)의 연이 되니, 태어나
면 늙고 병들고 죽고[病老死], 근심하고 걱
정하게[憂悲苦惱] 되느니라.

그러므로 무명이 없으면 행이 없어지고,
행이 없으면 식이 없어지고, 식이 없으면 명
색이 없어지고, 명색이 없으면 육입이 없어
지고, 육입이 없으면 촉이 없어지고, 촉이
없으면 수가 없어지고, 수가 없으면 애가 없
어지고, 애가 없으면 취가 없어지고, 취가
없으면 유가 없어지고, 유가 없으면 생이 없
으며, 생이 없으면 늙고 병들고 근심하고 걱
정하는 것이 없어지느니라.

세상의 모든 것 본래의 그 바탕은
항상 스스로 고요의 모습이니
불자가 닦고 닦아 다해 마치면
내세(來世)에 기어이 부처 이루리.
덧없다 이 세상의 모든 것들
나고 죽는 생멸법이니
났다 없다 이것만 초월(超越)하면
고요의 열반락 그것이어라.

부처님계에 목숨 바쳐 귀의합니다.
달마계에 목숨 바쳐 귀의합니다.
승가계에 목숨 바쳐 귀의합니다.

　과거 보승여래(寶勝如來)이시며, 마땅히
공양을 받으실 분이시며, 바르게 다 아시는
분이시며, 지혜와 수행을 완성하신 분이시
며, 깨달음에 잘 이르신 분이시며, 세간을

잘 아시는 분이시며, 더 위없이 거룩하신 분
이시며, 모든 사람을 잘 다루어 깨달음에 들
게 하시는 분이시며, 모든 신들과 인간의 스
승이신 분이시며, 부처님 세존님께 목숨 바
쳐 귀의합니다.

영가여, 그대는 다섯 쌓임을 벗어 버리고
신령한 알음알이가 뚜렷이 드러나 부처님의
거룩한 계를 받았으니 이 얼마나 통쾌한 일
인가. 영가는 이제 하늘이나 불 세계나 마음
대로 태어날 수 있으니 참으로 통쾌하고 통
쾌하도다.

서역을 떠나오신 달마의 뜻
마음만 거룩하면 성품 밝힌 것
묘한 본체 맑고 맑아 정한 처소 없으니
산이나 들이나 온 천지 광명뿐일세.

별회심곡
別 回 心 曲

세상천지	만물중에	사람밖에	또있는가
여보시오	시주님네	이내말씀	들어보소
이세상에	나온사람	뉘덕으로	나왔는가
석가여래	공덕으로	아버님전	뼈를빌고
어머님전	살을빌어	칠성님전	명을빌고
제석님전	복을빌어	이내일신	탄생하니
한두살에	철을몰라	부모은덕	알을손가
이삼십을	당하여도	부모은공	못다갚고
어이없고	애달고나	무정세월	여류하야
원수백발	돌아오니	없는망령	절로난다
망령이라	흉을보고	구석구석	웃는모양
애달고도	설운지고	절통하고	통분하다
할수없다	할수없다	홍안백발	늙어간다
인 간 에	이공도를	뉘가능히	막을손가

춘 초 는 만년록이나 왕 손 은 귀불귀라
우리인생 늙어지면 다시젊기 어려워라
인간백년 다살아도 병든날과 잠든날과
걱정근심 다제하면 단사십도 못살인생
어제오늘 성튼몸이 저녁나절 병이들어
섬섬약질 가는몸에 태산같은 병이드니
부르나니 어머니요 찾는것이 냉수로다
인삼녹용 약을쓰나 약효험이 있을손가
판수불러 경읽은들 경의공덕 입을손가
무녀불러 굿을하나 굿덕인들 있을손가
재미쌀을 쓸고쓸어 명산대천 찾아가서
상 탕 에 메를짓고 중 탕 에 목욕하고
하 탕 에 수족씻고 촛대한쌍 벌려놓고
향로향합 불갖추고 소지한장 든연후에
비나이다 비나이다 하느님전 비나이다
칠성님전 발원하고 신장님전 공양한들
어느성현 알음있어 감응이나 할까보나

제일전에   진광대왕   제이전에   초광대왕
제삼전에   송제대왕   제사전에   오관대왕
제오전에   염라대왕   제육전에   변성대왕
제칠전에   태산대왕   제팔전에   평등대왕
제구전에   도시대왕   제십전에   전륜대왕
염라국의   부인사자   일직사자   월직사자
열시왕의   명을받아   한손에는   철봉들고
또한손에   창검들며   쇠사슬을   빗겨차고
활등같이   굽은길로   살대같이   달려와서
닫은문을   박차면서   뇌성같이   소리치며
성명삼자   불러내여   어서가자   바삐가자
뉘분부라   거역하며   뉘영이라   지체할까
실날같은   이내몸에   팔뚝같은   쇠사슬로
결박하여   끌어내니   혼비백산   나죽겠네
여보시오   사자님네   노 자 도   갖고가세
만단개유   애걸한들   어느사자   들을손가
애고답답   설은지고   이를어이   하잔말가

불쌍하다	이내일신	인간하직	망극하다
명사십리	해당화야	꽃진다고	설워마라
명년삼월	봄이오면	너는다시	피련마는
우리인생	한번가면	다시오기	어려워라
북 망 산	돌아갈제	어찌갈고	심산험로
한정없는	길이로다	언제다시	돌아오라
이세상을	하직하니	불쌍하고	가련하다
처 자 의	손을잡고	만단설화	다못하여
정신차려	살펴보니	약 탕 관	벌려놓고
지성구호	극진한들	죽을목숨	살릴손가
옛늙은이	말들으니	저승길이	멀다는데
오늘내게	당하여선	대문밖이	저승이라
친구벗이	많다한들	어느누가	동행할까
구사당에	하직하고	새사당에	허배하고
대문밖을	썩나서니	적삼내어	손에들고
혼백불러	초혼하니	없든곡성	낭자하다
일즉사자	손에끌고	월즉사자	등을밀어

풍우같이　재촉하여　천방지방　몰아갈제
높은데는　낮아지고　낮은데는　높아진다
악의악식　모은재산　먹고가며　쓰고가랴
사자님아　사자님아　내말잠깐　들어주오
시장한데　점심하고　신발이나　고쳐신고
쉬어가자　애걸한들　들은체도　아니하고
쇠뭉치로　등을치며　어서가자　바삐가자
이렁저렁　여러날에　저승원문　다달으니
우두나찰　마두나찰　소리치며　달려들어
인정달라　비는구나　인정쓸돈　한푼없다
단배골코　모은재산　인정한푼　써볼손가
저생으로　옮겨올까　환전붙여　가져올까
의복벗어　인정쓰며　열두대문　들어가니
무섭기도　끝이없고　두렵기도　칭량없다
대명하고　기다리니　옥사장이　분부듣고
남녀죄인　등대할제　정신차려　살펴보니
열시왕이　좌개하고　좌판관이　문서잡고

남녀죄인　　잡아들여　　다짐받고　　봉초할제
어두귀면　　나찰들은　　전후좌우　　벌려서서
기치창검　　심열한데　　형벌기구　　차려놓고
대상호령　　기다리니　　엄숙하기　　측량없다
남자죄인　　잡아들여　　형벌하며　　묻는말이
이놈들아　　들어보라　　선심하랴　　발원하고
인간세상　　나아가서　　무삼선심　　하였는고
바른대로　　아뢰어라　　용방비간　　번을받아
임금님께　　극간하여　　나 라 에　　충성하고
부모님께　　효도하여　　가 범 을　　세웠으며
배고픈이　　밥을주어　　아사구제　　하였는가
헐벗은이　　옷을주어　　구란공덕　　하였는가
좋은곳에　　집을지어　　행인공덕　　하였는가
깊은물에　　다리놓아　　월천공덕　　하였는가
목마른이　　물을주어　　급수공덕　　하였는가
병든사람　　약을주어　　활인공덕　　하였는가
높은산에　　불당지어　　중생공덕　　하였는가

좋은밭에	원두심어	행인해갈	하였는가
부처님께	공양올려	마음닦고	선심하여
염불공덕	하였는가	어진사람	모해하고
불의향사	많이하며	탐재함이	극심하니
너의죄목	어찌하리	죄 목 이	심중하니
풍도옥에	가두리라	착한사람	불러들여
위로하고	대접하며	몹쓸놈들	구경하라
이사람은	선행으로	극락세계	가올지니
이 아 니	좋을손가	소원대로	물을적에
네원대로	하여주마	극락으로	가랴느냐
연화대로	가랴느냐	선경으로	가랴느냐
장생불사	하랴느냐	서왕모의	사환되여
반도소임	하랴느냐	네소원을	아뢰여라
옥제에게	주품하사	남중절색	되어나서
요지연에	가려느냐	백만군중	도독되여
장수몸이	되겠느냐	어서바삐	아뢰어라
옥제전에	주문하여	석가여래	아미타불

제도하게	이문하자	산신불러	의논하며
어서바삐	시행하자	저런사람	선심으로
귀히되어	가나니라		
대웅전에	초대하여	다과올려	대접하며
몹쓸놈들	잡아내어	착한사람	구경하라
너희들은	죄증하니	풍도옥에	가두리라
남자죄인	처결할제	여자죄인	잡아들여
엄형국문	하는말이	너의죄목	들어봐라
시부모와	친부모께	지성효도	하였느냐
동생행열	우매하며	친척화목	하였느냐
괴악하고	간특한년	부모말씀	거역하고
동생간에	이간하고	형제불목	하게하며
세상간악	다부리어	열두시로	마음변화
못듣는데	욕을하고	마주앉아	웃음낙담
군말하고	성내는년	남의말을	일삼는년
시기하기	좋아한년	풍도옥에	가두리라
죄 목 을	물은후에	온갖형벌	하는구나

죄지경중　가리어서　차례대로　처결할제
도산지옥　화산지옥　한빈지옥　검수지옥
발설지옥　독사지옥　아침지옥　거해지옥
각처지옥　분부하야　모든죄인　처결한후
대연회를　진설하고　착한여자　불러들여
공경하고　하는말이　소원대로　다일러라
선녀되어　가랴느냐　요지연에　가랴느냐
남자되여　가랴느냐　재상부인　되려느냐
제실왕후　되려느냐　제후왕비　되려느냐
부귀공명　하려느냐　네원대로　하여주마
소원대로　다일러라　선녀불러　분부하야
극락으로　가게하니　그 아 니　좋을손가
선심하고　마음닦아　불의향사　하지마소
회심곡을　업신여겨　선심공덕　아니하면
우마형상　못면하고　구렁배암　못면하네
조심하야　수신하소　수신제가　능히하면
치국안민　하오리니　아무쪼록　힘을쓰오

적 덕 을   아니하면   신후사가   참혹하니
바라나니   우리형제   자선사업   많이하야
내생길을   잘닦아서   극락으로   나아가세
나무아미타불   나무관세음보살

---

* **별회심곡(別回心曲)** : 별회심곡은 조선 중기의 스님인 휴정(休靜) 서산대사
(西山大師, 1520～1604)가 지은 불교가사. 형식은 4음보 1행을 기준으로 모두
152행이다. 화청(和請)의 일종으로 이 가사는 〈석문의범(釋門儀範)〉·〈교주가
곡집(校註歌曲集)〉·〈조선가요집성(朝鮮歌謠集成)〉 등에 전한다. '화청(和請)'
이란 불교 포교의 한 방편으로, 대중이 잘 알 수 있는 음조로 교리에 관한 쉬
운 사설을 얹어 부르는 노래를 말하는데, 일정한 장단이 없이 사설에 따라
단락을 지어 나간다. 대부분 "지심 걸청, 지심 걸청, 일회 대중에 일심 걸
청"으로 시작되는 화청의 곡조는 민요조이기 때문에, 그 노래의 곡조는 대중
에게 친밀감을 주는 불교가요이다. 한편 서산대사의 대표적 저서는 명종
19년에(45세)에 금강산에서 완성한 〈선가귀감(禪家龜鑑)〉이다. 이 책은 참선공
부를 하는 수행자들이 귀감으로 삼을 수 있도록, 50여 종의 경전과 어록(語
錄) 등을 참고로 하여 서산대사의 사상을 정연하게 엮어 놓은 글이다. "교문
(敎門)은 오직 한마음[一心法]을 전하며 선문(禪門)은 오직 깨달음[見性法]을
전하는 것임"을 분명히 하여, "생사(生死)의 괴로움을 벗어나는 참된 길이 무
엇인지"를 제시한 저술로 유명하다. 〈선가귀감〉은 일본 선가(禪家)에서도 매
우 중요시하여 판본과 주석서(註釋書)를 적지 않게 남기고 있다.

보왕삼매론
寶 王 三 昧 論

하나, 몸에 병 없기를 바라지 말라.

몸에 병이 없으면 탐욕이 생기기 쉽나니, 그래서 성인이 말씀하시되 "병고(病苦)로서 양약(良藥)을 삼으라." 하셨느니라.

둘, 세상살이에 곤란함이 없기를 바라지 말라. 세상살이에 곤란함이 없으면 업신여기는 마음과 사치한 마음이 생기니, 그래서 성인이 말씀하시되 "근심과 곤란으로써 세상을 살아가라." 하셨느니라.

셋, 공부하는데 마음에 장애 없기를 바라지 말라. 마음에 장애가 없으면 배우는 것이 넘치게 되나니, 그래서 성인이 말씀하시되 "장애 속에서 해탈을 얻으라." 하셨느니라.

넷, 수행하는데 마(魔) 없기를 바라지 말라.

수행하는데 마가 없으면 서원이 굳건해지지 못하나니, 그래서 성인이 말씀하시되 "모든 마군(魔軍)으로써 수행을 도와주는 벗을 삼으라." 하셨느니라.

다섯, 일을 꾀하되 쉽게 되기를 바라지 말라. 일이 쉽게 되면 뜻을 경솔한데 두게 되나니, 그래서 성인이 말씀하시되 "여러 겁(劫)을 겪어서 일을 성취하라." 하셨느니라.

여섯, 친구를 사귀되 내가 이롭기를 바라지 말라. 내가 이롭고자 하면 의리를 상하게 되나니, 그래서 성인이 말씀하시되 "순결로써 사귐을 길게 하라." 하셨느니라.

일곱, 남이 내 뜻대로 순종(順從)해 주기를 바라지 말라.

남이 내 뜻대로 순종해주면 마음이 스스로 교만해지나니, 그래서 성인이 말씀하시되 "내 뜻에 맞지 않는 사람으로써 원림(園林)

을 삼으라.” 하셨느니라.

여덟, 공덕을 베풀려면 과보를 바라지 말라. 과보를 바라면 도모하는 뜻을 가지게 되나니, 그래서 성인이 말씀하시되 “덕 베푸는 것을 헌신처럼 버리라.” 하셨느니라.

아홉, 이익을 분에 넘치게 바라지 말라.

이익이 분에 넘치면 어리석은 마음이 생기나니, 그래서 성인이 말씀하시되 “적은 이익으로써 부자가 되라.” 하셨느니라.

열, 억울함을 당해서 밝히려고 하지 말라.

억울함을 밝히면 원망하는 마음을 돕게 되나니, 그래서 성인이 말씀하시되 “억울함을 당하는 것으로 수행하는 문을 삼으라.” 하셨느니라.

이와 같이 막히는 데서 도리어 통하는 것이요, 행함을 구하는 것이 도리어 막히는 것이니, 이래서 부처님께서는 저 장애 가운데서 보리도(菩提道)를 얻으셨느니라.

저 앙굴마라와 제바달다의 무리가 모두 반역의 짓을 했지만, 우리 부처님께서는 모두 수기를 주셔서 성불하게 하셨으니, 어찌 저의 거슬리는 것이 나를 순종함이 아니리요.

요즘 세상에 도를 배우는 사람들이 만일 먼저 역경에서 견디어 내지 못하면, 장애가 부딪칠 때 능히 이겨내지 못해서 법왕의 큰 보배를 잃어버리게 되나니, 이 어찌 슬프지 아니하랴!

---

* **보왕삼매론(寶王三昧論)** : 보왕삼매론의 원문은 〈보왕삼매염불직지(寶王三昧 念佛直指)〉의 총22편 중에서 제17편에 실린 십대애행(十大碍行)에 해당한다. 십대애행 부분에서 상당부분을 생략하고 발췌하여 단순화시킨 것이 보왕삼매 론이며, 사바세계가 고해(苦海)임을 인정하고 지혜롭게 살아가는 태도를 적어 놓았다. 저자는 국내에서 명나라 말기의 고승인 지욱(智旭)스님으로 알려져 있었으나, 〈보왕삼매염불직지〉의 서문에는 원말명초(元末明初)의 선승인 묘협 (妙叶)스님으로 명시되어 있다.

마음을 다스리는 글

자허원군성유심문 中 수신의 장

복은 검소하고 맑은 데서 생기고, 덕은 겸손하고 사양(辭讓)하는 데서 생기며, 도는 편안하고 고요한 데서 생기고, 생명은 순하고 사무치는 곳에서 생긴다.

근심은 욕심이 많은 데서 생기고, 재앙은 탐욕이 많은 데서 생기며, 허물은 경솔하고 교만한 데서 생기고, 죄악은 어질지 못하는 데서 생긴다.

눈을 경계하여 다른 사람의 그릇된 것을 보지 말고, 입을 경계하여 다른 사람의 결점을 말하지 말고, 마음을 경계하여 탐내고 성내지 말며, 몸을 경계하여 나쁜 벗을 따르지 말라. 유익하지 않은 말을 함부로 하지 말고, 내게 관계없는 일은 함부로 하지 말라.

임금을 높이어 공경하고 부모에게 효도하
며, 웃어른을 삼가 존경하고 덕이 있는 이를
받들며, 어질고 어리석은 것을 분별하고, 무
식한 자를 꾸짖지 말고 용서하라.

물건이 순리(順理)로 오거든 물리치지 말
고 이미 지나갔거든 쫓지 말며, 몸이 불우
(不遇)에 처했더라도 바라지 말고 일이 이미
지나갔거든 생각하지 말라. 총명한 사람도
어두운 때가 많고 계획을 치밀하게 세워 놓
았어도 편의를 잃는 수가 있다.

남을 손상케하면 마침내 자기도 손실을 입
을 것이요, 세력에 의존하면 재앙이 따른다.
경계하는 것은 마음에 있고 지키는 것은 기
운에 있다. 절약하지 않음으로써 집을 망치
고, 청렴하지 않음으로써 지위를 잃는다.

그대에게 평생을 두고 스스로 경계할 것을
권고하노니 가히 놀랍게 여겨 생각할지니라.

위에는 하늘의 거울이 임하여 있고 아래에는
땅의 신령이 살피고 있다. 밝은 것에는 삼법
(三法, 輕·中·重의 세 가지 율법)이 이어
있고 어두운 것에는 귀신이 따르고 있다. 오
직 바른 것을 지키고 마음은 가히 속이지 못
할 것이니 경계하고 경계하라.

* **자허원군성유심문(紫虛元君誠諭心文)** : 도교에서 남자가 도를 닦아 신선이
된 이는 진인(眞人)이라 하고, 여자가 도를 닦아 신선이 된 이를 원군(元君)이
라고 한다. 자허원군(紫虛元君)은 자허(紫虛)라는 계명의 원군을 말하며, 서진
(西晉)시대 사도 문강공(文康公) 위서(魏舒)의 딸인 위부인(魏夫人)이라고 한
다. '성유심문(誠諭心文)'은 "정성껏 마음을 깨우치는 글"이라는 뜻이다. 원래
도가에서 전해지던 글을 명심보감 찬술자가 인용한 것으로, 불가(佛家)에서
간략하게 정리하여 '마음을 다스리는 글'로 전해졌다.

스님 노릇하는 법

경허스님 지음

대저 스님 노릇하는 것이 적은 일이리요. 잘 먹고 잘 입기 위하여 스님 노릇 하는 것이 아니라 부처 되어 살고 죽는 것을 면하고자 하는 것이니 부처 되려면 내 몸에 있는 내 마음을 찾아보아야 하는 것이니, 내 마음을 찾으려면 몸뚱이는 송장으로 알고 세상일이 좋으나 좋지 않으나 다 꿈으로 알고 사람 죽는 것이 아침에 있다가 저녁에 죽는 줄로 알고 죽으면 지옥에도 가고 짐승도 되고 귀신도 되어 한없는 고통을 받는 줄을 생각하야, 세상만사를 다 잊어버리고 항상 내 마음을 궁구하되 보고 듣고 일체 일을 생각하는 놈이 모양이 어떻게 생겼는고 모양이 있는 것인가 모양이 없는 것인가 큰가 작은가 누른가 푸른가 밝은가 어두운가 의심을 내어

궁구하되 고양이가 쥐잡듯하며 닭이 알 안듯
하며 늙은 쥐가 쌀든 궤짝 쫓듯하야 항상 마
음을 한군데 두어 궁구하야 잊어버리지 말고
의심하야 일을 하더라도 의심을 놓지 말고
그저 있을 때라도 의심하야 지성으로 하여
가면 필경에 내 마음을 깨달을 때가 있을 것
이니 부디 신심을 내어 공부할지니라.

대저 사람 되기 어렵고 사람 되어도 사나
이 되기 어렵고 사나이 되어도 스님노릇하기
어렵고 스님이 되어도 부처님 바른 법을 만
나기 어려우니 그런 일을 깊이 생각하며, 부
처님 말씀이 "사람이 된 이는 손톱 위에 흙
같고 사람의 몸 잃고 짐승된 이는 온 세상
흙같다 하시고 또 사람의 몸 한번 잃으면 억
만 년이라도 다시 회복하기 어렵다 하시며
또 항상 지옥에 처하기를 동산에 놀듯 하며
아귀귀신이나 축생 되기를 내집에 있듯 한다
하시며 또 한번 성불하면 다시 죽도 살도 않

고 다시 고생을 아니 받는다." 하시니 이런
말씀을 자세히 들어 생각하며, 또 이전에
「권선사」라는 스님은 아침부터 공부하다
가 해가 질 때면 다리를 뻗고 울어 가로대
"오늘 해도 공연히 지내고 마음을 깨닫지
못하였다." 하고 날마다 그리한 이도 있다.

 공부하노라고 마음 지극히 먹은 이를 모다
적을 수 없으니 다 죽고 살기를 잊고 먹고
입기를 잊고 잠자기도 잊고 공부하셨으니 우
리도 그렇게 하여야 공부가 될터이니 자세히
생각하며, 이전에 동산스님이 글을 지어 가
로대 "거룩하다는 이름도 구하지 말고 재물
도 구하지 말고 영화스러운 것도 구하지 말
고 그렁저렁 인연을 따라 한세상을 지내어서
옷은 떠러지거든 거듭거듭 기워 입고 양식은
없거든 가끔가끔 구하여 먹을지로다. 턱 밑
에 세 마디 몸의 기운이 끊어지면 문득 송장
이요 죽은 후에는 헛이름 뿐이로다. 한낱 허

황한 몸이 며칠이나 살 것이관대 쓸데없는 일을 하느라고 내 마음을 깜깜하게 하여 공부하기를 잊어 버리리요." 하시니라.

내 마음을 깨달은 후에 항상 그 마음을 보전하여 깨끗이 하고 고요히 하야 세상에 물들지 말고 닦아 가면 한없는 좋은 일이 하도 많으니, 부디 깊이 믿으며 죽을 적에라도 아프지도 않고 앓지도 않고 마음대로 극락세계에도 가고, 가고 싶은대로 가나니라.

부처님이 말씀하시기를 "남자나 여인이나 노소를 물론하고 이 법문을 믿고 공부하면 모다 부처가 되리라." 하시니 어찌 사람을 속이리오.

오조 홍인대사 말씀이 "내 마음을 궁구하면 깨달을 것이니라." 하시고 맹세하시되, "너희가 내 말을 곧이 아니 들으면 세세생생에 호랑이에게 죽을 것이요 내가 너희를 속이면 후생에 지옥에 떨어지리라." 하시었으니 이런 말씀을 듣고 어찌 믿지 아니하리요.

공부하는 사람이 마음 움직이지 않기를 산과 같이 하고 마음을 넓게 쓰기를 허공과 같이 하고 지혜로 불법 생각하기를 날과 달같이 하야 남이 나를 옳다고 하든지 그르다고 하든지 마음에 끄달리지 말고 다른 사람의 잘하고 잘못하는 것을 내 마음으로 분별하여 참견 말고, 좋은 일을 당하든지 좋지 아니한 일을 당하든지 마음을 평안히 하며 무심히 가져서 남 보기에 숙맥같이 지내고 병신같이 지내고 벙어리같이, 소경같이, 귀먹은 사람같이, 어린 아이같이 지내면 마음에 절로 망상이 없어지나니라.

설사 세상일을 똑똑히 분별하더라도 비유하건대 똥덩이 가지고 음식 만들려는 것과 같고 진흙 가지고 흰 옥 만들려는 것과 같아서 성불하여 마음 닦는데 도무지 쓸데없는 것이니 부디 세상일을 잘할려고 말지니라.

다른 사람 죽는 것을 내 몸과 같이 생각하여 내 몸을 튼튼히 믿지 말고 때때로 깨우쳐 마음 찾기를 놓지 말지니라. 이 마음이 어떻게 생겼는고 의심하여 보고 의심하여 가되 간절히 생각하기를 배고픈 사람이 밥 생각하듯 하여 잊지 말고 할지니라.

부처님이 말씀하시기를 "일체 세상일이 다 허망하다." 하시고 "중생의 모든 하는 일이 다 나고 죽는 법이라." 하시니 "오직 제 마음을 깨달아야 진실한 법이라." 하시니라.

술을 먹으면 정신이 흐리니 먹지 아니할 것이요, 음행은 정신 갈려 애착이 되니 상관 아니할 것이요, 살생은 마음에 진심을 도우니 아니할 것이요, 고기는 먹으면 정신이 흐리니 먹지 아니할 것이요, 거짓말은 내 마음에 사심을 기르니 아니할 것이요, 도둑질은 내 마음에 탐심을 늘이니 아니할 것이요, 파와 마늘은 내 마음에 음심과 진심을 돋우니

먹지 아니할 것이요, 그 나머지 일체 것이
내게 해로운 것이니 간섭치 말지니라.

목우자 스님 말씀이 "재물과 색이 앙화됨
이 독사보다 심하니 몸을 살펴 그른 줄 알아
항상 멀리 여의라." 하시니 이런 깊은 말씀
을 본받아 행하여야 공부가 순히 되나니라.

부처님 말씀에 "한번 진심 내면 백만 가지
나 죄가 생긴다." 하시니 제일 화내는 마음
을 끊으라.

예전 스님네 말씀이 "화내는 마음으로 호
랑이와 뱀과 벌과 그런 독한 물건이 되고,
가벼운 마음으로 나비와 새가 되고, 좀스러
운 마음으로 개미와 모기 같은 것이 되고,
탐심 내는 마음으로 배고파 우는 귀신이 되
고, 탐심과 화내는 마음이 많고 크면 지옥
으로 가고, 일체 마음이 다 여러 가지 것이
되어가니 일체 여러 가지 마음이 없으면 부
처가 되리라." 하시니라.

착한 마음이 좋다 하여도 또 천당으로 갔다가 도로 떨어져 지옥이나 축생이 되어가니 착한 마음도 쓸데없고 일체 마음을 없애면 다른 데로 갈 것 없고, 마음이 깨끗하야 혼곤하지 아니하면 캄캄한 데로 가지 아니하니 고요하고 깨끗한 마음이 부처 되어 가는 길이니 내 마음을 항상 의심하야 궁구하면 자연 고요하고 깨끗하여 지나니라.

극칙 고요하고 깨끗하면 절로 마음을 깨달아 부처 되나니라. 돌아가지 아니하고 곧은 길이니 이렇게 하여 갈지니라.

이 법문을 가끔 보고 읽어 남에게 일러주면 팔만대장경 본 공덕과 같고 그대로 공부하면 일생에 성불할 것이니 속이는 말로 알지 말고 진심으로 믿어 하여 갈지니라.

산은 깊고 물은 흐르고 각색 초목은 휘어져 있고 이상한 새 소리는 사면에 울고 적적하여 세상 사람은 오지 않는데 고요히 앉아

내 마음을 궁구하니 내게 있는 내 마음이 부처가 아니면 무엇인가?

듣기 어려운 좋은 법을 들었으니 신심을 써서 할지니라. 마음을 너무 급히 쓰면 신병이 나고 두통도 나나니 마음을 가라앉혀 평안히 하여 가라. 조심하라. 억지로 생각하려 말고 의심을 내어 할지니라.

* 경허(鏡虛, 1849~1912) 선사 : 우리나라 불교에서 근대에 선종(禪宗)을 중흥시킨 대선사(大禪師)로 '제2의 원효'라고도 부른다. 9세에 과천의 청계사(淸溪寺)로 출가하였다. 계허(桂虛)스님 밑에서 5년을 보내고, 그 뒤 계룡산 동학사의 만화(萬化)스님으로부터 불교경론을 배웠으며, 9년 동안 제자백가를 익혔다. 1879년에 옛 스승인 계허스님을 찾아가던 중, 돌림병이 유행하는 마을에서 죽음의 위협에 시달리다가 발심을 하고, 동학사로 돌아와 석 달 동안 용맹정진을 하다가 "소가 되더라도 콧구멍 없는 소가 되어야 한다."는 말을 듣고 깨달았다고 한다. 1886년 6년간의 깨달음 뒤의 공부를 끝내고 개심사(開心寺)와 부석사(浮石寺)를 왕래하면서 후학 지도와 교화 활동을 하면서 크게 선풍(禪風)을 떨쳤다.

매일수행과 기도성취를 위한
다라니 기도집
1판 1쇄 발행 2020년 5월 20일

엮은이 / 돈조 스님(통도사 강원, 現 사천 용운사 주지)
펴낸이 / 최진혁
펴낸곳 / 한영출판사
컴퓨터조판 / 김우인 · 김정숙
편집 및 교정 / 유의선 · 권혜원

등록 / 1975-000003호
주소 / 대구광역시 중구 태평로 1가 187 태평라이프 330호
전화 / (053)423-6690, 424-7790
팩스 / (053)423-7790

정가 7,000원
ISBN 89-88670-55-2 03220

이 도서의 국립중앙도서관 출판예정도서목록(CIP)은 서지정보유통지원시스템
홈페이지(http://seoji.nl.go.kr)와 국가자료종합목록 구축시스템(http://kolis-
net.nl.go.kr)에서 이용하실 수 있습니다.(CIP제어번호 : CIP2020005132)